Beiträge zur Stadtgeschichte

Band 1

Begründet und herausgegeben
von Hans-Georg Klein

1993
ARE Verlag

Hans-Georg Klein

Sagen & Legenden von der Bunten Kuh bis zur Landskron

mit Zeichnungen von
Theo Deisel

Mit freundlicher Unterstützung
des Heimatvereins „Alt Ahrweiler" e.V.

2. verbesserte Auflage 1993
ISBN 3-9802508-0-6

ARE Verlag, R. Hauke & K. Liewald
Ahrhutstraße 11, D-53474 Bad Neuenahr-Ahrweiler
Telefon 02641/4065

Datenkonvertierung, Fotosatz und Druck:
Herbrand & Friedrich GmbH, D-53518 Adenau

Titelgestaltung: Stephan Glöckner, Zillgen-Glöckner-Bartsch
Telegrafenstraße 13, D-53474 Bad Neuenahr-Ahrweiler

Schrift: Centennial und Zapf
Papier: Recystar

Inhalt

Die Sage von der "fussig Nonn"
hat der Dichter Heinrich Ruland
in Verse gesetzt: **Die letzte Äbtissin**

von Marienthal

Noch einmal blieb sie stehen; ihr zuckte das Herz vor Qual;
Da unten in Wipfeln und Wiesen lag Kloster Marienthal.
Ein Wasser rann und rauschte, im Walde der Häher rief,
Gemurmel klang von der Straße - sie atmete bang und tief.

Sie schlich auf schwindligen Pfaden, erschaudernd vorm eig'nen Tritt,
Sie, die im Chore der Nonnen kein Fürchten und Zagen litt.
Wenn nur ein Blatt geraschelt, hob zitternd sie Saum und Gewand;
Die Perlen des Rosenkranzes klirrten an ihrer Hand.

War's Gaukelspiel der Sinne, das sie erschreckte und trog?
Wer war es, der da unten die Aveglocke zog?
Verlassen waren die Zellen, sie schloß die Türen nicht,
Längst löschte vorm Altare der Windstoß Kerzen und Licht.

Und immer dies dumpfe Gemurmel; nun schwoll es zum Schrei der Wut;
Fernhin zum Rheine der Himmel stand in Glut.
Burgen und Dörfer brannten wie Fackeln in der Nacht,
Zu Schutt und Asche zerstäubte des Landes Stolz und Pracht.

Es sirrte keine Sense; hoch wuchs und reifte das Korn,
Die Hufe traten es nieder, als wäre es Distel und Dorn,
Wo sonst im Herbst die Kelter ächzte Jahr um Jahr,
Da floß der Wein aus den Kellern und färbte die Wellen der Ahr.

Am Berggrat in engen Schluchten, wo nächtens der Uhu schrie,
Wie vor Blitz und Gewitter duckten sich Mensch und Vieh.
Die schlimme Kunde stöhnte klagend den Berg hinauf:
"Die fremden Söldner kommen, Reiter und Roß zuhauf!" –

Bleich stand sie da oben und lauschte, ihr Herz zersprang vor Qual.
Sie sah eine Flamme züngeln, eine Flamme gierig und fahl,
Marienthals letzte Äbtissin, aus adligem Stamm und Geblüt,
Stieg über die Eifelberge, eine Bettlerin, landfremd und müd.

Quelle: Ruland, S. 74

Die Spindel
der Magd Lüfthildis

*K*arl der Große, Kaiser der ganzen Christenheit, ritt mit seinem Gefolge von der Tomburg kommend ins Ahrtal zur Jagd. Wie immer bei solchen Unternehmungen nahm er die Gelegenheit wahr, sich die Sorgen seiner Untertanen höchstpersönlich anzuhören.

Er sprach mit Bauern und Fischern, Hirten und Köhlern. Von ihnen erfuhr er auch von einem Mädchen Lüfthildis, das sich so um die Sorgen und Nöte der Mitmenschen des Ahrgaus kümmerte, daß sie selbst in den Dörfern bettelte, um den Armen und Kranken, den Witwen und Waisen helfen zu können.

Gerne hätte Kaiser Karl diese fromme Magd gesehen, aber Lüfthildis war unterwegs, um eine kranke, verlassene Frau zu versorgen. Am nächsten Morgen bliesen die Hörner zur Jagd. Die Köhler hatten dem Kaiser von einem mächtigen Hirsch erzählt, der in den Wäldern des Ahrtals lebte. Sein Geweih war so riesig und gewaltig, daß alle Tiere und Menschen vor diesem König der Ahrwälder die Flucht ergriffen.

Der Kaiser befahl, den Hirsch aufzuspüren und zu erlegen. Tief drangen Kaiser und Gefolge in die dunklen Wälder. Plötzlich hörten sie von weitem den gewaltigen Ruf des Hirsches. Die Jäger gaben ihren Pferden die Sporen. Die Lanzen in der Hand, galoppierten sie etwa eine halbe Stunde dahin, allen voran der Kaiser. Dann erreichten sie unweit des heutigen Dorfes Walporzheim die Ahr. Der Wald hatte sich gelichtet. Links rauschte der Fluß, und zur Rechten erhob sich ein Fels, der einem Herrscherthrone glich. Dort stand der Hirsch und erwartete seine Angreifer. Der Kaiser sprang von seinem Pferd und befahl seinem Anhang zu warten. Diesen Hirsch wollte er selbst erlegen. Karl näherte sich mit der Lanze dem Tier. Da sprang der Hirsch vor. Mit gesenktem Geweih, die Enden messerscharf, stieß er auf Karl zu. Ein unerbittlicher Zweikampf begann. Wohl fügte der Kaiser dem Hirschen einige Lanzenstöße zu, aber die Kraft und Gewalt des Tieres war nicht gebrochen. Die spitzen, dolchartigen Enden des Geweihs zerfetzten die Ärmel des kaiserlichen Jagdgewandes. Unentschieden wogte der Kampf hin und her, bis der ermüdete Kaiser schließlich ausglitt. Ein ängstliches Stöhnen war aus seinem Gefolge zu vernehmen. In demselben Augenblick setzte der Hirsch zum tödlichen Stoß an und bohrte Karl seine Geweihspitzen in die Brust.

Der Kaiser brach zusammen, und der Hirsch floh in die Wälder. Die Ritter des Gefolges erholten sich nur langsam von ihrem Schrecken. Zitternd hob der treue Roland den tödlich getroffenen Kaiser auf und bettete ihn auf jenen Felsen, der einem Thron ähnlich sieht und der seitdem im Ahrtal Kaiserstuhl genannt wird. Das Blut strömte aus der offenen Wunde in des Kaisers Brust. Sein Atem ging schwer, totenblaß flüsterte der

Kaiser sein letztes Wort:" Lüfthildis...!" Dann sank er in eine tiefe Ohnmacht. Zwei junge Ritter jagten auf Befehl des treuen Roland davon, um das Mädchen Lüfthildis zu holen. Nach kurzer Zeit schon sprengten sie wieder heran, auf dem Pferd des einen Lüfthildis sitzend mit einer Spindel in der Hand. Denn als die Ritter Lüfthildis in ihrer Klause fanden, war sie gerade dabeigewesen, ein Kleid für die Armen zu spinnen.

Scheu näherte sich die fromme Magd dem mächtigen Kaiser. Sie sah schon in seinem Angesicht die Schatten des nahen Todes. Da hörte Lüfthildis die Stimme Gottes: "Lüfthildis, lege deine Spindel auf die Wunde, so wird sie heil!" Das Mädchen tat, wie ihr befohlen. Und siehe! Das Blut hörte auf zu fließen, die furchtbare Wunde schloß sich.

Nach einer Weile wachte der Kaiser auf. Als er die wundertätige Magd sah, sprach er: "Lüfthildis, du hast mein Leben gerettet. Zum Lohne schenke ich dir so viel Land zu eigen, wie du umschreitest oder umreitest, während ich schlafe, denn ich bin sehr müde nach dieser schweren Pein. Dieses Land aber brauche zum Nutzen der armen Menschen."

Als Lüfthildis diese Kaiserworte hörte, hüpfte ihr Herz vor Freude. Sie sprang auf einen feurigen Rappen, ließ das Holz der Spindel zu Boden fallen und galoppierte los. Das Ende des Fadens aber hielt sie in der Hand. Ohne Furcht jagte sie durch die Wälder, der Faden der Spindel zeichnete ihren Weg nach.

Der Kaiser schlief lange, und gerade als er erwachte, kehrte Lüfthildis von ihrem weiten Ritt zurück. Auch der Faden der Spindel war nun abgerollt."Du hast dir durch diesen Ritt mehr Land erworben, als jeder meiner Ritter sein eigen nennt", sagte der Kaiser, "aber ich gab dir mein Wort, daß alles dir und deinen Armen gehören soll, was du dir erritten hast."

"Gott und die Armen danken es dir, mein Kaiser", erwiderte Lüfthildis. Da kniete der Kaiser nieder, und das Gotteskind zeichnete mit der Spindel das Kreuz über das Haupt des großen Kaisers.

Quelle: Ottendorff-Simrock, S. 92

Gottfried Kinkel

Der Kobold
von Walporzheim

Es ist so um die Mitternacht,
Kann sein, ein bißchen später,
Da öffnet sich das Pförtchen sacht
Zu Walporzheim im Peter.
Zwei Bauern treten aus dem Haus
Und aus Sankt Petri Schutz heraus,
Die fürchten nicht den Kobold.

Sie blickten erst zum Himmel auf
Nach all den schönen Sternen,
Als wollten sie der Sterne Lauf
Heut nacht recht gründlich lernen.
Dann spricht der Velten: Nun frisch zu,
Bald sind wir an der Bunten Kuh
Bei dem verfluchten Kobold.

So packt mich nur recht fest am Arm
Und laßt uns tüchtig schreien;
Ich hoff, er tut uns keinen Harm,
Denn seht, wir sind zu zweien.
Doch wie? O weh, Gevattersmann,
Ihr fangt mir schon zu wackeln an –
O du verfluchter Kobold.

Potz Wetter, ich auch spür ihn schon,
Mir flirts so vor der Nase;
Der Weg ist glatt, so recht zum Hohn,
Als wär er ganz von Glase.
Gevatter Klaus, geht nur gradaus,
Seht ihr, da steht des Müllers Haus –
O du verfluchter Kobold.

Ei Velten, ihr seid nicht gescheit,
Stoßt mich nicht in die Rippen!
Was drückt ihr denn nach rechts so weit?
Dort ragen ja nur Klippen!
Ich glaub, ich glaub, ich glaub am End,
Er hat die Augen euch verblend't,
Der ganz verfluchte Kobold.

Gevatter Klaus, was wirret euch,
Was wollt ihr links ins Dunkel?
Dort, seht doch, ist ja nur Gesträuch
Und drunter Stromgefunkel!
Laßt los, ich folge meinem Kopf,
Mich oder euch hat er beim Schopf,
Der ganz verfluchte Kobold.

Sie ließen los und auf ein Ziel
Ein jeder eilends rannte.
Der Velten rechts, und stolpernd fiel
Er auf die Felsenkante.
Der Klaus ging links auf sein' Gefahr
Und - patsch, da lag er in der Ahr!
O du verfluchter Kobold.

Dem einen strömten aus der Nas'
Die hellen, blut'gen Perlen;
Der andre tief im Wasser saß
Und hielt sich an den Erlen.
So krabbelten sie beid' heran
Und fanden wieder ihre Bahn
Trotz dem verfluchten Kobold.

Und wunderbar - wie der ans Land,
Der auf den Weg gekommen,
Da war der Kobold durchgebrannt
Und ist nicht wiederkommen.
Sie schritten beide mit Gebrumm
Ganz nüchtern fort und sahn nicht um
Nach dem verfluchten Kobold.

Quelle: Kinkel, (1) S.74

Der Kobold
von Walporzheim

$\mathcal{H}$inter Walporzheim verengt das Felsengeschiebe der "Bunten Kuh" das Tal, daß der Weg fast versperrt ist. An diesem Felsen war, wie es heißt, eine Richtstätte, und es ist ausgemacht, daß noch jetzt ein Kobold dort haust und auf diesem rebenreichen Felsen seinen Sitz hat. Dieser Gnom betört die Landleute, die nachts von Walporzheim kommen und treibt sein Spiel mit ihnen.

So erging es auch dem Bauer Velten und dem Klaus, die im Weinhaus St.Peter zu Walporzheim gesessen und beim Walporzheimer des Guten zu viel getan hatten.

Die Zimmeruhr von St.Peter schlug gerade Mitternacht, als sich die beiden auf den Weg machten, rechts die Felsenmauer, links die Ahr. Der Velten flüsterte dem Bauern Klaus zu: "Wenn wir an der "Bunten Kuh" sind bei dem verfluchten Kobold, so halte mich fest am Arm und laß uns tüchtig schreien. Ich hoffe nicht, daß er uns anrührt, wenn wir zu zweien sind. - Aber Freund, du fängst ja schon an zu wackeln!" Und schon glaubte er den Kobold zu spüren. Sie wollten geradeaus gehen, aber der Klaus drückte immer mehr nach rechts in die Felsen hinein. Ob ihm der Kobold schon die Augen verblendet hatte? Der Velten zog seinen Zechkumpan auf die andere Seite. Aber Klaus war kräftiger, und schon standen beide am Ahrufer. Da ließen sie vor Angst einander los, und jeder rannte eilends auf sein Ziel zu. Der Velten stolperte nach rechts und fiel auf die Felsenkante, der Klaus lief nach links und patsch - da lag er in der Ahr. Dem Velten lief das Blut aus der Nase, der Klaus saß im Wasser und zog sich an den Erlen hoch.

Doch der Kobold, der sie irre geführt, war verschwunden. So fanden sie wieder den Weg und brummend und ganz nüchtern geworden, zogen sie heimwärts.

Quelle: Stötzel, S.51

Fisch Einauge

Der Pitter aus Walporzheim kannte vor vielen Jahren eine gute Stelle zum Fischen unterhalb der "Bunten Kuh". Das Wasser der Ahr war hier tief und glasklar. Oft brachte er einen reichen Fang mit nach Hause.

So saß der Fischer wieder einmal im Mondschein an seinem Angelplatz. Obwohl er einen fetten Köder ausgelegt hatte, wollte kein Fisch anbeißen. Der Pitter dachte schon, es sei kein rechtes Fischwetter.

Aber plötzlich ruckte es gewaltig an seiner Angelschnur. Als er sie mühsam einzog, hing ein so prächtiger Fisch am Haken, wie der Bursche ihn sein Lebtag noch nicht gesehen hatte. Schnell ergriff der Pitter den Fisch und tat ihn in den mitgebrachten Sack.

Zugleich hörte er eine Stimme aus dem Wasser rufen: "Einauge, wo bist du?" Und aus dem Sack erscholl die Antwort: "Hier, in Peterchens Sack!" Dabei hüpfte und ruckte der Fisch, daß der Sack schier zu reißen drohte. Mitdem wurde das Wasser trübe und fing an zu brodeln. Da ließ der Bursche entsetzt Sack und Angel liegen und rannte nach Hause.

Seitdem zog es den Pitter immer wieder abends an diese Stelle hin. Er fischte nicht mehr, sondern saß nur da, als ob er Stimmen aus dem Wasser lauschte.

Die Alten erzählten, er habe die Sprache der Fische verstanden und sei zuletzt zu ihnen ins Wasser hinabgestiegen. Denn eines Morgens fand man am Ufer nur noch seine Mütze liegen, und der Pitter blieb für immer verschwunden.

In mondhellen Nächten sahen dann die Fischer den Pitter frisch und jung auf dem Wasser schwimmen. Er war mit Algen und Schilf bedeckt, und Hunderte von Fischen umschwammen ihn.

Blickte der Jüngling freundlich, so war alle Mühe der Fischer umsonst. Schaute er ernst und nachdenklich, dann gingen viele Fische in die Netze.

Quellen: Kinkel, (2) S. 114 f.
      Stötzel, S. 53 f.
      Weitershagen, S. 11
      Zaunert, S. 213 f.

Die „Bunte Kuh"

Gleich hinter Walporzheim ragt rechts ein wunderlicher Fels über die Straße herein, entfernt einem Tierhaupt ähnlich. Dieser Fels hat zu mancherlei heiteren und düsteren Sagen Anlaß gegeben.

In einem Wirtshaus zu Walporzheim feierten einmal kecke Burschen und übermütige Mädchen die Walpurgisnacht. Die Marie, die ein Schlückchen zuviel hatte, sagte zu der Zechgesellschaft: "Den mächtigen Felsen dort an der Ahr möchte ich gerne einmal besteigen." Alle, die sie umstanden, lachten sie aus, denn diesen schroffen Felsen hatte noch nie einer bestiegen. "Wollen wir wetten, daß ich da hinaufkomme? Ich werde sogar eine Flasche Wein oben trinken und in der Zeit meine Strümpfe wechseln!"

"Bringst du das fertig", sagte einer der jungen Burschen, der auch übers Maß getrunken hatte, "dann verspreche ich dir eine Kuh."

"Gut", sagte die Marie, ließ sich die Wette bezeugen und machte sich am nächsten Tag an den Aufstieg.

Das Wagnis gelang, und sie bekam das Rind. Weil die Kuh bunt war, soll der tierkopfähnliche Felsen seitdem "Bunte Kuh" genannt worden sein.

Quellen: Kinkel, (2) S. 114
        Schlundt, S. 205 f.
        Stötzel, S. 52 f.
        Weitershagen, S. 10
        Zaunert, S. 213

Der Ritter
von der „Bunten Kuh"

Im Ahrtal lebte ein Ritter, der wegen seiner schlechten Lebensführung von den anderen Rittern gemieden wurde. Aber er nahm sich das keinesfalls zu Herzen, sondern trieb es immer noch ärger, bis er schließlich seinen Lebensunterhalt nur noch vom Straßenraub bestritt. Weil ihn aber seine Eltern als Christ erzogen hatten, kniete er jedesmal nieder und verharrte im Gebet, wenn er eine Kirchenglocke hörte. Doch war sie verstummt, sprang er sogleich auf und beging mit seinen Knechten neue Schandtaten.

Eines Tages lag der Ritter mit seinen Leuten auf einer hohen Felskuppe bei Walporzheim im Hinterhalt. Sie beobachteten, hinter Büschen versteckt, die Straße im Tal und warteten auf vorüberfahrende Händler. Es dauerte nicht lange, bis einer mit hochbeladenem Wagen die Straße entlangzog. Als er unterhalb des Felsens war, befahl der Ritter seinen Leuten, die Bögen zu spannen und anzulegen. In diesem Augenblick vernahmen sie den Klang eines Glöckleins, wie es der Pfarrer beim letztem Gang zu einem Sterbenden vor sich hertragen läßt. Ritter und Knechte legten die Waffen ab und knieten sich nieder, und der Händler konnte unbehelligt seinen Weg weiterziehen. Das Geläut aber wurde immer lauter. Da trat eine buntgescheckte Kuh aus dem Gebüsch, die ein Glöcklein am Hals trug. Nun erkannte der Ritter, welcher Täuschung er erlegen war. Voller Wut packte er die Kuh an den Hörnern, zerrte sie aus dem Gebüsch und stieß sie mit einem mächtigem Ruck in den Abgrund.

Seitdem wird dieser Felsen bei Walporzheim „Bunte Kuh" genannt.

Quellen: Kinkel, (2) S. 114
      Schlundt, S. 205 f.
      Stötzel, S. 52

Der Kautenturm

*W*o heute der Ahrweiler Winzerverein ist, stand früher die Burg der Herren vom Turm mit einem mächtigen Burgfried.

Eine alte Sage erzählt, die Stadt Ahrweiler sei in frühester Zeit so groß gewesen, daß der vor 200 Jahren niedergerissene „Kautenturm" mitten auf dem damaligen Marktplatz der ältesten Stadt Ahrweiler gestanden hätte.

Ebenso soll der Ort Walporzheim seinen Namen davon haben, daß dort einst die zum Walde führende Pforte von Alt-Ahrweiler gewesen sei.

Quelle: Zaunert, S. 212 f.

Der schwarze Trommler

Während des Dreißigjährigen Krieges brach in der Eifel und im Ahrtal die Pest aus. Die Angst vor dem Schwarzen Tod ging auch in Ahrweiler und seinen Dörfern um.

Da erzählte man sich schaudernd, daß ein Totengerippe in Landsknechtstracht die Dörfer und Städte durchzöge und auch in Ahrweiler gesehen ward.

Der schwarze Trommler schlüge so seine Trommel, daß alle Pestkranken, die sie hörten, aus ihren Häusern und Hütten kröchen und ihm hinterdrein liefen. Sie schleppten sich mit ihren eiternden Pestbeulen in einer Prozession durch die Stadt zum Kirchhof. Dort spiele der Trommler ihnen zum schauerlichen Totentanz auf. Wie wild tanzten dann die Kranken über den Gräbern, bis der schwarze Trommler sie mit seinen knochigen Totenarmen erwürge.

Quelle: Plachner, S. 93

Das Pestmäuschen

1666 war in der Eifel wieder einmal ein schlimmes Pestjahr. Die Menschen starben wie die Fliegen. Auch in Ahrweiler ging die Angst vor dem Schwarzen Tod um, und keiner war mehr bereit, die Kranken zu pflegen oder gar die Toten zu begraben.

Da kam ein Bettler vom Rhein hochgezogen. Er ging durch die menschenleeren Gassen des Städtchens, faßte sich ein Herz und klopfte an einem Handwerkerhaus.

Eine verweinte Frau tat ihm auf. „Verzeiht", sagte der Bettler, „hättet Ihr vielleicht eine Kleinigkeit für mich zu essen. Seit Tagen habe ich keinen Bissen mehr im Mund gehabt."

„Ach", schluchzte die verhärmte Frau, „ich will das letzte Stücklein Brot mit Euch teilen. Dann will ich mich niederlegen und sterben, denn mein Mann ist an der Pest gestorben und ich habe keinen Christenmenschen, der ihn begräbt. Wenn Ihr den Mut habt, so tretet ein."

Der Bettler kam ins Haus, und die Witwe teilte sich mit ihm das letzte Stücklein Brot. Als sie gegessen hatten, stand der Bettler auf und sagte: „Ihr habt mir Gutes getan, so will ich es Euch vergelten." Er ging zu dem Toten, der in der Stube lag, rührte ihn an, und zugleich sprang aus dem Mund des Verstorbenen ein Mäuschen. Das fing der Bettler mit seinem Bettelsack auf.

„Jetzt ist die Pest gefangen, und Euer Mann kann wieder lebendig werden."
Sobald der Bettler das gesagt hatte, bewegte sich der Tote, stand auf und ging in der Stube umher.
Mitdem war der Bettler verschwunden und wurde seit dieser Zeit nie mehr gesehen.

Quelle: Mündliche Überlieferung,
          die vermutlich auf Rektor Rausch zurückgeht.

Der „Weiße Stein"

Zwischen Ahrweiler und Wadenheim ließ sich nicht selten ein Gespenst in Gestalt eines Mannes sehen, den die Leute Junker Johann nannten.

Früher soll einer dieses Namens dort gelebt haben und die Grenz- und Marksteine zwischen dem Herzogtum Jülich und dem Kurkölner Gebiet betrügerisch verrückt haben.

Bald nach seinem Tode fing er nun an zu wandern und hat viele Leute durch seine Begegnung erschreckt.

So erfuhr das einmal ein Mädchen aus Ahrweiler. Es ging einst allein vor dem Tor spazieren und geriet unbeabsichtigt in die Gegend des „Weißen Steines". Dort, wo der Grenzstein, wie man sagte, verrückt sein sollte, wandelte ihr ein Mann entgegen. Dieser sah gerade so aus, wie man ihr schon mehrmals die Erscheinung des bösen Junkers beschrieben hatte. Er ging auf sie zu, griff ihr mit der Hand an die Brust und verschwand. Entsetzt lief das Mädchen heim und jammerte: „Ich habe meinen Teil."

Da fand man ihren Leib, dort wo der Geist sie angerührt hatte, schwarz geworden. Das Mädchen legte sich gleich zu Bett und starb nach drei Tagen.

Quellen: Mündliche Überlieferung
        Grimm, S. 97 f.

Der Neidhard
von St. Laurentius

*K*ennt ihr in der Pfarrkirche den Neidhard? Schaut euch nur in der Kirche um.

Als vor vielen hundert Jahren die Laurentiuskirche gebaut wurde, lachte man über den Baumeister, weil er über die ganze Kirche ein Gewölbe zu legen gedachte.

Das war damals noch eine unerhörte Kunst. Ehe ihm das gelinge, so spottete ein anderer Meister, wolle er an seinem eigenen Leibe eine ebenso unaussprechliche wie unmögliche Handlung vornehmen.

Und als der Verspottete nun doch sein prächtiges Werk vollendete, da hat der siegende Meister jenen Spötter Neidhart in der unbequemen Stellung und dem vergeblichen Versuche, das Unmögliche zu leisten, ausgemeißelt.

Habt ihr den Neidhard gefunden?

Quellen: Kinkel, (2) S. 108 f.
  Stramberg,(1) S. 790
  Schorn, S. 452
  Stötzel, S. 44
  Zaunert, S. 213

Der Herr
von Nantert

Der Herr von Nantert besaß einen stattlichen Hof rechts der Ahr zwischen dem Steinerberg und dem Häuschen. Dort lebte er mit seinen Töchtern und dem Gesinde.

Er hatte dem Pfarrer von Ahrweiler einen guten Batzen Geld für die Kirche gestiftet, um eine Kirchenbank für sich zu haben, wie das früher üblich war.

Außerdem hatte der Herr von Nantert den Pfarrer verpflichtet, ihm vor Beginn der Christmette eine Stunde lang die Glocken zu läuten, damit die Leute vom Nantertshof in Schnee und Dunkelheit sicher den Weg ins Tal fänden. Der Pfarrer hatte eingewilligt, denn der Herr von Nantert war ein frommer und eifriger Geber.- Wieder einmal läuteten die Meßbuben die Glocken zur Mette, eine Stunde oder länger, aber die Leute vom Nantertshof erschienen nicht.Der Pfarrer wartete ungeduldig und begann schließlich mit der Mette, obwohl die Kirchenbank der Nanterts leer blieb.Als die Mette zu Ende war, da gingen die Stadtknechte und bewaffnete Schützen ahnungsvoll durch das Heckenbachtal, um die von Nanterts zu suchen. Als sie sich dem Hof näherten, da schlugen schon die hellen Flammen aus dem Haus. Am Balken des Hoftores aber hingen der von Nantert und sein Gesinde - geschändet und ermordet.

Es ging das Gerücht, eine seiner Töchter sei entkommen und habe sich in das Kloster Marienthal geflüchtet. Dort verbrächte sie ihr Leben in Buße und Gebet zum Seelenheil der Ermordeten. Andere wieder behaupteten, den Nantert nach diesen schrecklichen Vorkommnissen im Ahrtal gesehen zu haben.

Aber noch bis in unsere Zeit erinnerten die Glocken von St. Laurentius durch ihr einstündiges Geläut vor der Christmette an die Stiftung des Herrn von Nantert.

Quelle: Ahrweiler Stadtnachrichten Nr. 26, 1951
        Stötzel, S. 45

Das Muttergottes-
bildchen

Graf Johann von Saffenberg hatte sich in Katharina, die Erbin von Neuenahr, verliebt und wollte sie heiraten. Aber Johann hatte im Grafen von der Landskron einen gefährlichen Rivalen, der ihm nach dem Leben trachtete, um das reiche Erbe der Neuenahrer Grafschaft an sich zu reißen.

Als Johann wieder einmal zur Brautwerbung nach Neuenahr zog, legte ihm der eifersüchtige Landskroner einen Hinterhalt. Während Johann, von wenigen Knappen begleitet, das Dorf Gierenzheim passierte, sprengten plötzlich der Landskroner und seine Spießgesellen mit angelegten Lanzen heran. Schnell waren die Begleiter des Saffenbergers niedergemacht. Johann selbst konnte in gestrecktem Galopp dem Ahrweiler Tal zu fliehen. Vorbei ging es am Galgen, immer dicht verfolgt von dem Rivalen. Nur noch ein wenig, dann hätte die Meute den jungen Grafen eingeholt. In seiner Not betete der Saffenberger zur Muttergottes um Rettung.

Der Landskroner legte schon seine Lanze an, um Johann den Todesstoß zu versetzen, als sie sich einer mächtigen Eiche näherten. Da strauchelte das Roß des Landskroners über die hervorstehenden knorrigen Wurzeln der Eiche und warf seinen Reiter ab. Der Verfolger wurde gegen den Stamm geschleudert und blieb bewußtlos liegen. So konnte sich Johann in Sicherheit bringen und war gerettet.

Zum Dank für seine wunderbare Rettung ließ der junge Graf den Stamm der Eiche aushöhlen und ein Bildnis der Muttergottes hineinstellen.

Die „gebildete" Eiche aber stand noch über 400 Jahre im Ahrweiler Tal.

Quelle: Mündliche Überlieferung

Die „gebildete"
Eiche

Der Heimatforscher Rektor Jakob Rausch erzählte folgende Sage von der „gebildeten Eiche": In einer lieblichen Maiennacht ging ein Jüngling von Staffel nach Ahrweiler. Als er über den Staffeler Sattel in den Buchenwald des Maibachtales gelangte, herrschte im Walde eine geheimnisvolle Stille.

Es schwieg der Wind in den Baumwipfeln, das Rufen der Käuzchen war verstummt und der Schlag der Nachtigall drang aus dem Wiesental nicht bis zur Bergeshöhe. Behutsam, fast andächtig, schritt der Jüngling auf gewohntem Pfade, den das Mondlicht ihm erhellte. Da plötzlich hörte er eine klagende menschliche Stimme und als er aufhorchte, gewahrte er eine weiße Gestalt, die auf ihn zuschwebte. Da erkannte er in der Gestalt eine Jungfrau im weißen Gewande. Sie sprach zu ihm:

„Jüngling, folge mir!" Wie gebannt, aber furchtlos folgte der Jüngling der edlen Gestalt.

Sie führte ihn talwärts, wo am Wald- und Wiesenrand eine alte Eiche stand, an deren Fuß eine Quelle entsprang. Hier unter dieser Eiche mit dem Brünnlein teilte die Jungfrau im weißen Gewande ihm folgendes Geheimnis mit:" Jüngling, ich bin die Tochter des letzten Grafen auf der Burg Neuenahr. Da mein Vater ein Raubritter und der Schrecken des Ahrtals war, muß ich für seine Sünden büßen. Und meine Buße ist hart und lang. Denn ich muß immer in diesem Brünnlein unter der Eiche als verwünschte Jungfrau in Froschgestalt leben. Nur in der Mainacht löst sich der Zauber, dann darf ich im Walde Ausschau halten nach einem edlen, tapferen Jüngling, der den Zauber brechen kann. Aber nur der Jüngling kann mich erlösen, der an einem Sonntag geboren wurde und in einer Wiege lag, deren Holz von dieser Eiche stammt und ein reines, braves Menschenkind ist. Du erfüllst alle drei Bedingungen. Darum kannst du mich erlösen, wenn du willst und den Mut dazu hast. Den Zauber brechen kannst du aber nur in der Geisterstunde der Johannisnacht. Dann mußt du um zwölf Uhr hier unter der Eiche sein. Im Brünnlein sitze ich als Frosch. Im Munde halte ich einen goldenen Schlüssel. Den mußt du mit deinen Lippen durch einen Kuß an dich nehmen. So bin ich entzaubert und stehe als Jungfrau vor dir. Dann ist mein und dein Glück sicher! Jüngling, willst du mich in der Johannisnacht erlösen?"

Aufmerksam und mitleidsvoll lauschte der Jüngling der Jungfrau, und gern und freudig antwortete er: „Jungfrau, ich will und werde dich erlösen."

Dann nahm der Jüngling Abschied von der Jungfrau und der geheimnisvollen Eiche. Unten im Tale wartete er mit Sehnsucht auf die Johannisnacht. Und als die Mondsichel sich wieder zum Vollmond füllte, da war die Johannisnacht da. Frühzeitig vor Beginn der Geisterstunde trat der Jüngling den Weg zur Eiche an. Schon

von weitem sah er das Leuchten des goldenen Schlüssels. Klopfenden Herzens näherte er sich der Eiche. Richtig, im Brünnlein saß der Frosch mit dem goldenen Schlüssel im Mund.

Da schlug die Glocke der Ahrweiler Stadtkirche die zwölfte Stunde. Rasch bückte sich der Jüngling, um durch den Kuß die Jungfrau zu erlösen. Als er aber sein Antlitz dem Frosch näherte und er genau das schleimerfüllte Maul des Frosches gewahrte und einen kalten Hauch verspürte, da ekelte es den Jüngling. Hastig und unüberlegt sprang er auf, stieß das verhängnisvolle Wort aus: „Ich kann es nicht!" In demselben Augenblick erlosch das Leuchten des goldenen Schlüssels, und ein Donnerschlag ertönte, ein Windstoß fuhr durch die stöhnende Eiche.

Entsetzt wollte der Jüngling dem geheimnisvollen Orte entweichen. Doch eine gebieterische Stimme rief: „Feigling, bleibe stehen!" Da stand vor ihm im Mondenschein am Brunnenrande unter der Eiche die Jungfrau in schwarzem Trauergewande. Bitterlich klagend sprach sie: „Jüngling, warum hast du mich nicht erlöst? Es wäre mein und dein Glück gewesen. Siehe, mit dem goldenen Schlüssel konntest du die verborgenen Keller- und Schatzgewölbe in den Ruinen der Burg Neuenahr öffnen. In den Räumen hättest du die ungeheuren Schätze gefunden, die mein Vater den Kirchen, Klöstern und Bewohnern des Ahrtals geraubt hat. Diese Schätze mußtest du in drei Teile aufteilen. Der erste Teil sollte den Armen, der zweite den beraubten Klöstern und Kirchen und der dritte Teil dir gehören...Ich liebe dich, und hättest du um meine Hand angehalten, so hätte ich sie dir gegeben, weil mein Herz in jener Maiennacht schon dir gehörte. Nun muß ich weiter als Frosch verzaubert leben, noch lange, lange - bange, bange! Denn als eben ein Windstoß durch die Eiche fuhr, entfiel eine vorjährige Eichel einer Astritze, und diese Eichel muß in der Erde keimen und zur Eiche werden. Aus diesem Eichenbaum muß ein Schreiner eine Wiege zimmern; in dieser Wiege muß ein Sonntagsknäblein liegen; das Sonntagskind muß auch als Jüngling seine kindliche Unschuld bewahren und in einer Maiennacht durch den Buchenwald wandern. Dann werde ich den braven Jüngling wieder um Erlösung bitten, so wie ich dich so innig und sehnsuchtsvoll bat! Wird er auch im letzten Augenblick mutlos verzagen? O, ich muß nun wieder warten, lange, lange - bange, bange! Jüngling, lebe wohl!" Bei diesen Worten verschwand die Jungfrau, und im trüben Wasser verbarg sich ein Frosch im Schilfgras.Tiefbetrübt und traurig ging der Jüngling nach Hause. Er mied das frohe Spiel und die scherzenden Kameraden. Auch bei der Arbeit wurde er nie mehr froh. Da schnitzte er aus Eichenholz ein Muttergottesbild und stellte es in die Eiche. Und jeden Sonntag ging er einsamen Weges zur Eiche und betete: "Maria, du Himmelskönigin, du Trösterin der Betrübten, du Hilfe der Verbannten, hilf dem verzauberten Menschenkind aus

Not und Bann, da ich es nicht vollbrachte, obwohl ich die Macht dazu hatte!" Dann ging er wieder traurig nach Hause und ist seines Lebens nicht mehr froh geworden.

Quelle: Rausch

Die Grenzkuh

*V*or langer Zeit hatte Hennins Peter aus Bachem seine Kuh auf einer Weide nahe den Grenzsteinen nach Wadenheim grasen.

Der Wadenheimer Gerichtsbüttel lag hinter einer Hecke auf der Lauer, ob hier von der Kuh die Grenze nicht verletzt würde.

Die Kuh kümmerte das wenig. Als sie sich plötzlich drehte und ihr Schwanz über jül'schem Gebiet hing, griff der Büttel zu und beschlagnahmte das Rindvieh von Gerichts wegen. Hierauf erhob sich ein heftiger Streit zwischen Ahrweiler und Wadenheim, denn hier ging es um hohe Politik. Aber auch Hennins Peter wollte natürlich seine Kuh wiederhaben.

So wurde eine Ortsbesichtigung an den Grenzsteinen durchgeführt und der Büttel als Zeuge vernommen.

Schließlich fällte der Richter Peter Becker aus Wadenheim das Urteil: Die Kuh gehört den Ahrweilern und damit dem Eigentümer Peter Hennin, denn sie hat mit ihren Hufen oberhalb (Ahrweiler Gerechtigkeit) und mit dem Schwanz unterhalb (Wadenheimer Gebiet) der Steine gestanden. „So soll der arsche dem houffe folgen", war die offizielle Urteilsbegründung des Richters.

Quellen: Mündliche Überlieferung
Krahforst, S. 139

Der Müller
von Ahrweiler

Als der Heuzehnt im Jahr 1600 auf der Königsstraße eingesammelt werden sollte, erschienen die Hemmessener nicht, sondern nur der Pastor von Beul.

Zur selben Zeit wurde der Hemmesser Landmüller Krewelt dabei angetroffen, als er heimlich durch seine Mühlknechte allerlei Gerät auf Ahrweiler zukarren ließ, um dort eine neue Mühle zu errichten.

Die Ahrweiler schickten sofort Mitglieder des Rats an Ort und Stelle, um die Angelegenheit untersuchen zu lassen. Außerdem hatten sie den Pastor Tümmler mitgebracht, da der Landmüller im Rufe stand, in Bibelsachen seine eigenen Ansichten zu haben.

Als die Kommission am Tatort eintraf, sagte der Landmüller auf die Vorhaltungen der hohen Herren hin: "Ich nehme diese unbebaute Erde als Gotteslehen, zum Nutzen meiner Mitmenschen. Der Mühlenbau wird auch den Bürgern von Ahrweiler zugute kommen."

Nun war dieses Vorhaben des Landmüllers gegen alle landesüblichen Gepflogenheiten, denn er war Untertan des Herzogs von Jülich. Da der Müller jedoch als ehrlicher und wohltätiger Mann bekannt war, wollte die Kommission sein Vorhaben nicht rundweg ablehnen. Die Ratsmitglieder baten ihn, ein Gesuch um Bauerlaubnis einzureichen. Das tat der Müller noch an Ort und Stelle und schwor den Bürgereid auf Ahrweiler. Die Ratsmitglieder und der Pfarrer gaben schließlich ihre Zustimmung.

So kam es, daß der Landmüller von Hemmessen auch Müller von Ahrweiler wurde.

Quelle: Kürten, S. 132

Der „Kopp"

Gegenüber der Stadt Ahrweiler liegt südlich der Ahr ein Hügel, der bis ins 15.Jahrhundert "Kopp" genannt wurde. Hier stand der Galgen des Ahrweiler Hochgerichtes.

In dieser Zeit kehrte der Graf von Blankenheim von einer Pilgerfahrt ins Heilige Land zurück. Er machte in der zum Erzbistum Köln gehörenden Stadt Ahrweiler Rast. Noch voll der Erinnerung an die in Palästina gesehenen heiligen Stätten, glaubte er beim Anblick der Stadt Ahrweiler und ihrer Umgebung eine gewisse Ähnlichkeit mit Jerusalem zu entdecken.

Die den Fuß des Hügels umfließende Ahr wollte ihm wie der Bach Kidron vorkommen, das dem Hügel nahegelegene, aber seit dem dreißigjährigen Krieg untergegangene Gierenzheim wie der Garten Gethsemane.Im Hügel selbst erblickte er den Berg Golgatha oder Calvaria, dies um so mehr, als eine vorgenommene Messung ergab, daß die Entfernung vom Hügel „Kopp" bis zur Pfarrkirche von Ahrweiler ungefähr derjenigen von Golgatha bis zum Haus des Pilatus in Jerusalem entspricht.

Die Entdeckung wurde sofort bekannt, und Volk und Rat von Ahrweiler beschlossen, den Hügel, der bis dahin den Galgen getragen, dem gekreuzigten Heiland und seiner schmerzhaften Mutter zu weihen.

Das Hochgericht wurde nach einem Berge im Norden der Stadt, dem Ellig, verlegt. Nun geriet der frühere Name des Berges in Vergessenheit; man gewöhnte sich bald daran, ihn Calvarienberg zu nennen. Auf seinem Gipfel errichtete man ein bescheidenes Kapellchen. Den Altar dieser Gedenkstätte schmückte ein großes Holzkreuz, das von den Statuen der schmerzhaften Muttergottes, des heiligen Johannes und der heiligen Maria Magdalena umgeben war.

Quellen: Küchler
       Schannat, S. 454 f.
       Schorn, S. 322
       Schlundt, S. 204
       Stötzel, S. 47 f.
       Zaunert, S. 213

Der Kapellenbau

*I*m Jahre 1625 stellte Johann Gohr, ein frommer Mann aus Ahrweiler, ein Gesuch an den Stadtrat, auf dem Calvarienberg eine größere Kapelle bauen zu lassen. Da er mit seinem Antrag abgewiesen wurde, erbat er sich 14 Tage darauf die Erlaubnis, auf eigene Kosten das Vorhaben auszuführen. Vielen Bürgern schien die Sache lächerlich. Sie wurde jedoch mit Gottes Hilfe mutig begonnen und glücklich beendet.

Zu Winteranfang ließ der Baumeister Johann Gohr in der alten Kapelle eine Messe halten, um von Gott den Schutz für die Arbeiter und vor allem Hilfe für das Auffinden eines tauglichen Steinbruchs zu erbitten.

Nach abgehaltenem Gebet bestieg der Baumeister mit den Arbeitern Mathäus Müller aus Blankenheim und Johann Schonen aus Ahrweiler den Berg Roderschen über der Quelle Meybündgen.Hier wurde Mittag gemacht, aber sie hatten noch keine brauchbaren Steine gefunden. Die Arbeiter spotteten und erinnerten an die bisherigen vergeblichen Versuche, einen Steinbruch aufzutun. So mußten die Steine für die Stadttore in Ahrweiler dem Drachenfels entnommen werden, und das Material für die Pfarrkirche wurde aus der Grafschaft Neuenahr vom Dettelforst, von der Olbrück und aus Weibern herbeigeschafft. Über viele Jahrhunderte hätten weder die erfahrenen Maurer aus Mendig noch die kundigen Steinhauer aus Kottenheim in den Ahrweiler Bergen jemals einen wertvollen Steinbruch aufzufinden vermocht. Wie könne man sich jetzt so vermessen einer unnützen Arbeit unterziehen?

Der Baumeister ließ sich von solchen Gesprächen nicht beirren und richtete in Gottes Namen seine Schritte weiter über den Wingsbach dem Würzelberg zu. Hier ließ er die Arbeiter Hand anlegen. Nachdem man zwei Fuß tief gegraben hatte, zeigte sich das gewünschte Lager von Gestein, dermaßen schön geordnet, als sei es durch Menschenhand gelegt.

Darauf wurde gegen zwei Uhr nachmittags der Heimweg angetreten. Den Tag darauf brachen die Arbeiter 20 Karren Steine, die ungleich besser waren, als die vom Drachenfels. Am dritten Tag wurden die Verträge für den Steinbruch geschlossen. Das ganze Jahr 1626 wurde mit dem Brechen und Behauen der Steine zugebracht.Der Bau der Kapelle wurde durch ein weiteres Wunder verherrlicht, denn als der Dachstuhl aufgesetzt werden sollte, schien ein eigentümlicher Unfall noch in letzter Stunde den Bauherrn der Früchte seines Fleißes berauben zu wollen. Morgens um neun Uhr brach urplötzlich das Gerüst mit gewaltigem Krachen zusammen. Bis nach Neuenahr und Landskron soll man das Krachen wie einen Kanonenschuß gehört haben. In hohem Bogen wurden die Arbeiter zu Boden geschleudert und einer im Turm unter der Last der fallenden Balken begraben. Vor Entsetzen fast gelähmt, kam der

Baumeister auf der Unglücksstelle an, in der Überzeugung, nichts als Tote und Verwundete zu finden. Wie ein Wunder wollte es allen vorkommen, als sich herausstellte, daß niemand verletzt war, und auch der Verschüttete mit Hilfe der anderen heil und gesund aus dem Gewirr von Balken und Steinen hervorkroch. Sofort wurde der Bau wieder aufgenommen und mit neuem Eifer gefördert.

Quellen: Küchler, S. 116 f.
       Schannat, S. 455
       Schorn, S. 322 f.
       Stötzel, S. 48
       Stramberg, (2) S. 19 f.

Der Pastor
von Ersdorf

*D*er Pastor von Ersdorf war ein frommer Herr. Auch er vernahm die wundersamen Dinge, die sich auf dem Calvarienberg zu Ahrweiler ereigneten. Da beschloß er, eine Wallfahrt zu dieser heiligen Stätte zu unternehmen.

Als er nun die Reise bald halb hinter sich hatte, ging ihm das Geld aus, so daß er nicht weiter wußte. In seiner Not begegnete ihm an einem Wegkreuz ein Fremder, der ihm nach einem kurzen Gespräch das Geld vorstreckte und alsbald verschwunden war.

Der Pastor betete innig auf dem Calvarienberg und kehrte zufrieden in sein Dorf zurück. Als er tags darauf mit seinem Brevier auf dem Feldweg spazierenging, kam ihm der Wanderer, der ihm auf der Wallfahrt begegnet war, in derselben Kleidung entgegen, nahm sein Geld wieder und verschwand abermals.

Unsere frommen Vorfahren sahen diese von einem Engel erwiesene Wohltat als das erste von vielen Wundern an, die man auf dem Calvarienberg erlebte.

Quelle: Stötzel, S. 49

Die Teufelsaustreibung

*I*n großen Scharen zog das Volk zum Calvarienberg, um das Schauspiel einer Teufelsaustreibung an einer Frau aus Ahrweiler mitzuerleben. Die Unglückliche hieß Katharina von Trier. Sie war verheiratet und hatte eine Zeitlang mit ihrem Mann in zufriedener frommer Ehe gelebt. Allein die Vermögensverhältnisse hatten sich verschlechtert, und zwischen Vater, Ehemann und Frau waren Streit und Verwünschungen entstanden.

Eines Tages hatten Vater und Ehemann der Katharina bei einem neuen Streit den Teufel in den Leib gewünscht. Sie erwiderte trotzig: „Mag's geschehen!"

Da fühlte sie die Teufel in sich fahren, die ihr wie Fliegen zum Ohr hineinsummten. Bald wurde sie von wilder Wut erfaßt, bald sagte sie in stilleren Augenblicken wie ein Medium geheime Dinge aus, die besonders einigen vorwitzigen Mädchen unangenehm waren. Zuletzt entwich der Satan unter Bannflüchen des Beschwörens, als man die Kranke in der Kirche mit Schwefel räucherte; freilich ging ihr bei diesem Verfahren der Atem aus, und ihr Gesicht wurde ganz schwarz.

Ein paar Neugierige aber, die auf das Kirchengewölbe geklettert waren, spürten oben einen so greulichen Geruch, daß sie eilends flüchteten und noch ein paar Tage diesen teuflichen Gestank in der Nase hatten.

Doch begann in dieser Seelenangst die Heilung: dem Teufel fiel nie wieder ein, sich diesem Schwefel auszusetzen, der ihm doch eigentlich als eine Erinnerung an seine Heimat nicht ungemütlich hätte sein sollen.

Quellen: Schorn, S. 328 f.
　　　　Stötzel, S. 50
　　　　Stramberg, (2) S. 72 f.

Karl Simrock

Die Wunderbrücke

Wo sich Berge winken, dazwischen rauscht die Ahr,
Da sahn die Väter blinken Landskron und Neuenahr,
Und einer Brücke Bogen erglühn im Sonnenstrahl,
Von Schloß zu Schloß gezogen über das breite Tal.

Wer schuf die Wunderbrücke, wie Regenbogen schön,
Der Kunst zum Meisterstücke und einte diese Höhn?
Der Vater sagts dem Sohne, drum spricht die Sage wahr:
Ein Herr von Landeskrone, ein Graf von Neuenahr.

Sie hatten treu verbunden der engsten Freundschaft Band,
Daß man zu allen Stunden sie gern beisammen fand.
Und mußten sie dann scheiden, so war die Brücke da,
Die brachte bald die Beiden einander wieder nah.

In Stücke brach die Brücke nach schwerer Zeiten Lauf,
Da baute sich zum Glücke ein zärtlich Paar sie auf.
Und Liebesboten gingen dahin, daher gar viel,
Bis sie sich selbst umfingen in süßem Minnespiel.

Viel schöne Brücken schlagen sah ich in deutschem Land,
Doch keinen Bogen schlagen, der sich so weit gespannt,
Weils ewig unterbliebe, so mag man klärlich schaun,
Daß Freundschaft und die Liebe die schönsten Brücken baun.

Quelle: Simrock, (1) S. 158

Die Wunderbrücke

Auch auf dem Neuenahrer Berge stand früher eine Burg, in der die Grafen von Neuenahr, Abkömmlinge des alten Geschlechts der Grafen von Are, wohnten. Als die Burgen Neuenahr und Landskron noch standen, lebten einst zwei Herren dort in so guter Freundschaft und Nachbarschaft miteinander, daß sie sich hoch über die Ahr weg von Burg zu Burg eine Brücke bauen ließen. Ihre Nachkommen vertrugen sich aber nicht so gut. Die Brücke wurde gar nicht mehr benutzt, verfiel und stürzte zuletzt ein.

Einst jedoch verliebten sich ein junger Herr von Landskron und eine Gräfin von Neuenahr ineinander, und denen tat es nun sehr leid um die Brücke. Aber die junge Gräfin wußte Rat. Sie schoß ein Garnknäuel, dessen Ende sie behielt, mit einem Armbrustbolzen hinüber. An dem Faden ließen sie eine haarfeine Schnur mit einem Ring hin und herlaufen und so schickten sie einander Briefe und Liebeszeichen. Und als sie Mann und Frau geworden waren, ließen sie die Brücke wieder bauen und hielten sie in gutem Zustande, solange sie lebten. Nach ihrem Tode aber wurde sie wieder vernachlässigt und ist zum zweiten Male eingefallen und seitdem nicht wieder aufgebaut.

Quellen: Schlundt, S. 207 f., Stötzel, S. 40 f., Zaunert, S. 211 f.

Schinnebröder
un Lemhök

*I*n den vergangenen Jahrhunderten gab es immer wieder heftige Streitereien zwischen Ahrweiler und den jül'schen Dörfern Wadenheim, Hemmessen und Beul im Amt Neuenahr über den Verlauf der Grenzen.

Besonders die Weiderechte zwischen dem „Weißen Stein" und der Ahr waren umstritten.

Nach langem Streit, der auch handgreiflich geführt wurde, kam man darin überein, ein großes Feuer anzuzünden und diejenige Partei, die am längsten in der Gluthitze des Feuers aushalten würde, als Sieger anzuerkennen.

Das Feuer wurde von beiden Seiten mit Eifer aufgeschichtet, denn jede Partei sah sich schon als Sieger. Um das Feuer wurde mit Kalk ein Kreis abgezeichnet, auf dem sich die Ahrweiler und Jülicher niederzulassen hatten.

Die aus Wadenheim, Hemmessen und Beul banden sich Eisenbleche vor die Schienbeine, die aus Ahrweiler glaubten ihre Schienbeine durch nassen Lehm gut geschützt.

Da die Streithähne mit einer langen Nacht rechneten, hatten sie sich mit Wein gut eingedeckt. Lustig zechend saß man im Kreis und hoffte auf den Sieg.

Währenddessen schlug das Feuer hohe Flammen, und die Hitze wurde für die Umsitzenden schier unerträglich. Schließlich mußten die blechgeschützten Jülicher als Erste weichen.

Aus dieser Begebenheit rühren die späteren Spitznamen: Jülicher Schinnebroder und Ahrweiler Lemhök.

Quellen: Knoll, S. 16, Stötzel, S. 41

Wolfgang Müller

Das Erbe von Neuenahr

Einst war ein Graf, so geht die Mär,
Der fühlte, daß er sterbe,
Die beiden Söhne rief er her,
Zu teilen Hab und Erbe.

Nach einem Pfluge, nach einem Schwert
Rief da der alte Degen,
Das brachten ihm die Söhne wert,
Da gab er seinen Segen:

Mein erster Sohn, mein stärkster Sproß,
Du sollst das Schwert behalten,
Die Berge mit dem stolzen Schloß
Und aller Ehren walten.

Doch dir, nicht minder liebes Kind,
Dir sei der Pflug gegeben.
Im Tal, wo stille Hütten sind,
Dort magst du friedlich leben.

So starb der lebensmüde Greis,
Als er sein Gut vergeben,
Die Söhne hielten das Geheiß
Treu durch ihr ganzes Leben.

Doch sprecht, was ward denn aus dem Stahl,
dem Schlosse und dem Krieger?
Was ward denn aus dem stillen Tal,
Was aus dem schwachen Pflüger?

O fragt nicht nach der Sage Ziel,
Euch künden rings die Gauen:
Der Berg ist wüst, das Schloß zerfiel,
Das Schwert ist längst zerhauen.

Doch liegt das Tal voll Herrlichkeit
Im lichten Sonnenschimmer,
Da wächst und reift es weit und breit:
Man ehrt den Pflug noch immer.

Quelle: Müller, S. 44

Schwert und Pflug

*V*or langer Zeit fühlte ein Graf von Neuenahr den Tod nahen. Er ließ seine beiden Söhne rufen, um das Erbe zu teilen. Dann gab er dem Diener den Auftrag, ein Schwert und einen Pflug zu bringen.

Der Greis segnete seine Söhne und übergab dem ältesten das Schwert, mit dem sollte er die stolze Burg bewahren. Den Pflug aber gab der Vater dem jüngeren Sohn, den er gleichermaßen liebte. Damit sollte er im fruchtbaren Tal friedlich leben und arbeiten.

So starb der Greis, und seine Söhne befolgten treu seinen Rat, ihr ganzes Leben lang.

Doch was wurde aus dem Schwert, der Burg und dem Ritter? Der Burgberg ist längst wüst, die Burg zerfallen und das Schwert zerbrochen. Doch das Tal liegt da in seiner ganzen Herrlichkeit. Die Frucht wächst und reift auf den Feldern. Der Pflug wird noch immer geehrt.

Quellen: Müller, S.44
Stötzel, S.41

Der goldene Pflug

Kein Mensch weiß mehr, wie die Neuenahrer Burg einst ausgesehen hat. Doch niemand bestreitet, daß hier eine reiche Grafenfamilie lebte, die große Schätze besaß. Man erzählt sich, die Herren hätten aus goldenen Schüsseln gegessen und aus silbernen Bechern getrunken. Selbst das Zaumzeug ihrer Pferde sei mit Silber beschlagen gewesen.

Der Reichtum der Neuenahrer Grafen war so groß, daß sie einen goldenen Pflug besaßen, mit dem sie nach altem Brauch in jedem Frühjahr die erste Ackerfurche auf den fruchtbaren Feldern im Tal zogen.

Als Johann von Rösberg das junge Grafenpaar Katharina von Neuenahr und Johann von Saffenberg, fast Kinder noch, von der Burg und aus der Grafschaft vertrieben hatte, raffte er mit seinen Vettern, dem von Isenburg und dem von Wied, gierig alle Schätze und trug sie außer Landes. Nur eines fand die gierige Verwandtschaft nicht, den goldenen Pflug. Diesen hatte ein treuer Diener im Brunnen versenkt, um ihn so für seine gräfliche Herrschaft zu retten. Der Diener starb, bevor er sein Geheimnis kundtun konnte.

Aber im Volk ging seitdem ein Gerücht um, daß dort oben auf der Kuppe ein kostbarer Schatz vergraben sei. Seit die Neuenahrer Burg von den Ahrweiler Bürgern zerstört wurde, schreitet nun in dunkler Nacht oft ein feuriger Ritter von der auf der linken Seite der Ahr liegenden Kuppe des Elligs mit einem Schritt über den Fluß bis auf den Neuenahrer Berg. Das ungeheuere Riesenhaupt streift durch die Wolken, und von seinem Tritt erbebt rings das Land, so sank auch die Kuppe des Neuenahrer Berges in der Mitte ein. Der Ritter sucht vor der Burg die hier vergrabenen Schätze, indem er das Gesträuch niederwirft und die Erde wild aufwühlt, davon zeugt noch das Geröll des Basaltes. Wenn aber aus dem nahen Dorfe Beul die Glocke die erste Stunde des Tages anzeigt, verschwindet die Riesengestalt laut heulend wie ein Höllenhund.

Ein Bauer aus dem nahen Beul, der sich so seine Gedanken machte und meinte, daß nur den Herren auf den Burgen das Glück geblüht habe, machte sich eines Tages mit Spaten und Hacke auf die Schatzsuche.

Als das Bäuerlein oben auf der Kuppe des Neuenahrer Berges anlangte und sich die ersten Schweißtropfen von der Stirn wischte, vernahm es aus dem Gebüsch ein leises Weinen. Der Schatzsucher schaute neugierig nach. Da entdeckte er unter einem Haselnußstrauch ein kleines, seltsam gestaltetes Männlein. "Warum weinst du, kleines Männlein?" fragte der Bauer mitleidig. "Ach", seufzte das Zwerglein, "die Sonne hat mir die Kehle ausgetrocknet, und ich leide großen Durst."
Der Bauer besann sich nicht lange und reichte dem Männlein seinen Krug, in dem er seinen Mittagstrank

mitgebracht hatte. Der Kleine tat einen vollen Zug vom Wein und wurde ganz fröhlich.

„Bäuerlein", sagte der Zwerg, "weil du mich gelabt hast, will ich dich zu einem reichen Mann machen. Ich weiß, du bist, wie viele vor dir, auf der Suche nach versteckten Schätzen. Du mußt wissen, daß hier oben auf der Kuppe ein verborgener Brunnen ist. In diesem Brunnen liegt ein goldener Pflug. Grabe in der nächsten Vollmondnacht danach, dann sollst du aller Mühe und Arbeit ledig sein und kannst für alle Zeit ein sorgenfreies und glückliches Leben führen wie ein Ritter. Wo dieser Haselnußstrauch wächst, da ist die Mündung des Brunnens, und was Tausende lange und vergeblich gesucht haben, wirst du leicht finden. Hast du den Stein, mit dem der Brunnen verdeckt ist, aufgehoben, so lasse eine Angel in die Tiefe des Brunnens hinab, dann wirst du den kostbaren Schatz heben. Aber kein Laut darf dabei von deinen Lippen kommen, sonst werden die Erdgeister ihn in der Tiefe zurückhalten."

Der Bauer merkte sich die Stelle und traf bald die nötigen Vorbereitungen, um den verborgenen Schatz aus der Tiefe ans Tageslicht zu bringen. Schweigsam ging er einher, und seiner geschwätzigen Frau wurde es schwer, eine Antwort von ihm zu erhalten.

Endlich war die Vollmondnacht gekommen, und erwartungsvoll begab sich der Schatzsucher zu der bezeichneten Stelle. Im hellen Mondlicht konnte er sie klar erkennen. Das Bäuerlein hieb den Haselnußstrauch ab, schaufelte die Erde weg und schob den Schlußstein des Brunnens beiseite. Aus der Tiefe strahlte ein heller Schein herauf. Es war der goldene Pflug, der ihm entgegenleuchtete.

Behutsam ließ der Bauer die Angel bis auf den Grund des Brunnens hinab. Sie erfaßte den goldenen Pflug, den der erregte Bauer nun langsam und schweigend nach oben zog. Bald ist der Pflug der Oberfläche nahe; noch ein Ruck, und er nennt den kostbaren Schatz sein eigen.

Plötzlich heulte es laut um ihn herum. Die Erde bebte, und das ängstliche Bäuerlein sah vom Ellig den feurigen Ritter auf sich zukommen. Er schwang drohend sein Schwert. Aus den Poren des Unholdes schlugen feurige Blitze, und es war, als ob er von lodernden Flammen eingehüllt wäre.Das Bäuerlein erschrak bis ins Mark. Es stieß voll Entsetzen einen gellenden Schrei aus, und in demselben Augenblick stürzte der goldene Pflug für immer in die Tiefe hinab.Der Bauer aber eilte entsetzt nach Hause. Als er in der nächsten Vollmondnacht wieder zurückkehrte, um die Schatzsuche fortzusetzen, war jegliche Spur des Brunnens verschwunden. Unten im Tal aber erzählt man sich noch heute von dem verborgenen Schatz, den niemand zu heben weiß, der aber dennoch durch seine Zauberkraft die heilenden Quellen am Fuße des Neuenahrer Berges sprudeln läßt.

Quellen: Antz, S. 84 f., Kinkel, (2) S. 94, Schlundt, S. 205,
      Simrock, (2) S. 49 f., Stötzel, S. 42 f., Zaunert, S. 211

Die Landskron

Einst zog König Philipp von Hohenstaufen in den Krieg gegen den von der Welfenpartei gewählten Gegenkönig Otto IV. von Braunschweig. Als Philipp sein Heer in das Erzstift Köln führte, erregte eine Felskuppe an der Ahr seine Aufmerksamkeit. Der König ritt hin, genoß die herrliche Aussicht, die sich ihm da oben darbot und rief erfreut aus: „Das ist des Landes Krone!"

Philipp beschloß, an dieser Stelle eine Burg bauen zu lassen. Er gab ihr den Namen Landskron.

Quelle: Schannat, S. 461

Die drei Jungfrauen von der Landskron (I)

Auf dem linken Ufer der Ahr erhebt sich der freiliegende Berg Landskrone, von dem die weißglänzende Jungfrauenkapelle herabschaut. Früher stand dort eine mächtige Burg. Der stolze Graf, der einst hier wohnte, hatte drei liebliche Töchter, denen jedermann wegen ihrer Anmut und Schönheit sehr zugetan war. Um die Hand der jüngsten bewarb sich der benachbarte Ritter von der Tomburg, der aber kein Gehör fand und daher auf blutige Rache sann.

Eines Tages zog der Graf mit seinen Knappen auf die Jagd. Da überfiel der abgewiesene Freier mit seinen Leuten die Burg. Ungestüm eilte der Ritter von einem Gemach zum andern; aber er fand nicht, was er suchte. In seiner wilden Wut ließ er das Schloß plündern und in Brand stecken.

Den erschreckten Jungfrauen war es rechtzeitig gelungen, durch ein geheimes Pförtchen in der Ringmauer zu fliehen und in einer nahen Felsenkluft Schutz zu suchen. Doch auch dahin fand der Wüterich im Scheine des brennenden Schlosses den Weg. Die Jungfrauen, die sich in ihrer Herzensangst im fernsten Winkel der Schlucht verborgen hatten, vernahmen alsbald vom Eingang her drohende Rufe und Waffengeklirr. In dieser großen Not konnte nur Gott selber ihnen Schutz

und Hilfe bringen. Engumschlungen knieten sie nieder und flehten inbrünstig um seinen Schutz. Und siehe, die Felswand teilte sich wie ein Vorhang; eine dunkle Grotte wurde sichtbar und nahm die Schwestern schützend auf, und so waren sie vor dem Verfolger wohlgeborgen. Nach einer Weile verhallten Schwertgerassel und Verwünschungen in der Ferne.

Inzwischen war der Graf von der Jagd zurückgekehrt. Schon von weitem hatte er die rauchenden Trümmer seiner Burg gesehen. Er jagte dem Frevler nach und tötete ihn im Zweikampf. Dann suchte er nach seinen Töchtern, doch all sein rastloses Forschen war vergeblich. Er durchstreifte die Wälder zu beiden Seiten der Ahr, er räumte den Schutt der zerstörten Burg hinweg, er stieg sogar ins tiefe Burgverlies hinab, nirgendwo fand er eine Spur der Verschwundenen.

Erst in der dritten Nacht nach jenem Schreckenstage zeigte ihm ein Engel im Traume das Versteck seiner Töchter. Noch ehe der Tag graute, machte er sich hoffnungsvoll auf den Weg zur Schlucht, und schon bald schloß er die Wiedergefundenen beglückt in seine Arme. Eine unnennbare Freude empfand der Graf, als er seine Töchter wiedersah. Aus Dank gegen Gott für die wunderbare Rettung seiner Kinder gelobte er, an der denkwürdigen Stelle eine Kapelle zu erbauen. Daß er sein Versprechen gehalten hat, beweist die von ihm erbaute Jungfrauenkapelle.

Quellen: Antz, S. 86 f., Schlundt, S. 206 f., Stötzel, S. 37, Weitershagen, S. 7 f., Zaunert, S. 211

Die drei Jungfrauen
von der Landskron (II)

*E*in mächtiger Graf wohnte einst auf der Burg Landskron. Er hatte drei schöne Töchter, denen es an Freiern nicht fehlte. Um die Hand der jüngsten Tochter bewarb sich ein benachbarter Ritter. Er wurde von Vater und Tochter abgewiesen und sann von dieser Stunde an auf Rache.

Eines Tages ritt der Graf mit seinen Knappen und Knechten zur Jagd. Da überfiel der enttäuschte Freier mit seinen Spießgesellen die Burg Landskron, um das Mädchen zu rauben. Die drei Schwestern hatten den Überfall bemerkt und waren durch ein geheimes Pförtchen in der Burgmauer entkommen. Zitternd vor Angst verbargen sie sich in einer nahen Felskluft.

Die Eindringlinge aber stürmten von Gemach zu Gemach, doch die Gesuchte fanden sie nicht. In seiner Wut ließ der abgewiesene Ritter die Burg plündern und in Brand stecken. Auf dem Rückzug entdeckte einer der Knappen das geheime Pförtchen in der Ringmauer. So wurde der Fluchtweg der drei Jungfrauen offenbar.

Schon näherte sich der verschmähte Liebhaber mit drohenden Rufen und Waffengeklirr dem Versteck der Schwestern. In großer Angst hatten sie sich in den dunkelsten Winkel der Felsspalte zurückgezogen. Jetzt konnte nur noch Gott helfen. In dieser großen Not sanken die Schwestern auf die Knie und flehten Gott um Rettung an. Plötzlich ertönte Hörnerklang. Mit klirrenden Waffen sprengte der Graf vom Tomberg mit seinen Freunden heran. In der Schlucht stand er unversehens den Eindringlingen gegenüber. Ein heftiger Kampf begann, dann lag der fremde Ritter erschlagen am Boden. Seine räuberischen Knechte flohen.

Die drei Jungfrauen traten unversehrt aus der Grotte, fielen auf die Knie und dankten für ihre Rettung.

Als der Vater zurückkehrte, gelobte er, zum Dank an dieser Stelle der wunderbaren Rettung eine Kapelle zu bauen. Dem tapferen Grafen von Tomberg aber gab er seine jüngste Tochter zur Gemahlin.

Quellen: Knippler, S. 9
        Stötzel, S. 132

Der Fluch von Landskron

*V*on der einst so mächtigen Reichsburg Landskron ist nur die Kapelle übriggeblieben. Die Zerstörung der stolzen Burg führen die Alten auf einen Fluch zurück, der einst über die Landskron gesprochen wurde.

200 Jahre hatten die Herren von Quadt die Burg besessen. Der letzte von ihnen, Hans Friedrich von Quadt, hatte sechs Töchter. Der ältesten vermachte er in seinem Testament die Landskron und die Tomburg. Diese Tochter war mit Johann von Brempt vermählt.

Kaum hatte der alte Herr 1621 die Augen geschlossen, da vertrieb der Schwiegersohn die Witwe und ihre fünf Töchter aus den Mauern der Burg. Zu Fuß mußten sie in das Tal hinabsteigen, und als sie in Lohrsdorf angelangt waren, hob die Witwe unter Tränen die Faust und verwünschte die Burg und ihren Besitzer: von der Burg sollte kein Stein auf dem anderen bleiben und mit den Kindern des Herzlosen sollte das Geschlecht aussterben. Beide Verwünschungen wurden wahr. Die Söhne des Johann von Brempt starben kinderlos, und unter dem letzten von ihnen wurde die Burg 1677 von den Franzosen erobert und in Brand gesteckt.

Als sich Räuberbanden in der Ruine breitmachten und die Gegend verunsicherten, ließ Kurfürst Wilhelm die Reste der einstigen Reichsburg abreißen.

Quellen: Stötzel, S. 38

Die Burgkapelle von Landskron

Schon seit langem war die Burgkapelle in sehr schlechtem Zustand. Die Gemeinde wandte sich an die damalige Besitzerin, die Gräfin Kielmansegg. Ihre Antwort lautete, daß in diesem Falle die Kapelle leider abgebrochen werden müsse. Daraufhin stimmte auch die Gemeinde für den Abbruch. Aber wer sollte ihn durchführen? So leicht gab sich keiner dazu her. Schließlich fand sich doch einer mit Namen Andrees. Andrees war ein Handwerker, der alle Arbeit nahm, wie sie kam, nur durfte der Schnaps nicht fehlen. Als die Abbrucharbeiten beginnen sollten, stiegen der Andrees und zwei Arbeiter mit Handwerkszeug und dem nötigen Branntwein auf den Burgberg. Oben angekommen, wurde zuerst einmal in Anbetracht des zu erwartenden Staubes tüchtig getrunken. Dann stellte Andrees die Leiter an. Aber beim ersten Schlag mit dem Hammer lag er wieder unten, jedoch ohne sich erheblich verletzt zu haben. Nachdem nochmals dem Schnaps zugesprochen worden war, wurde erneut mit der Arbeit begonnen.

Der zweite Schlag folgte, und wiederum lag Andrees unten. Diesmal aber hatte er sich den rechten Arm und das linke Bein gebrochen. „Die mag der Teufel abreißen, ich reiß' die nicht ab", schrie der Andrees und wurde von seinen Kameraden den Berg heruntergetragen. Die Kapelle ist dann doch instandgesetzt worden.

Quelle:Stötzel nach Lehrer Vaterrodt, S. 40

Das Paradies

Als die ersten Menschen Gottes Gebot übertreten hatten, ließ der Herr den herrlichen Lustgarten des Paradieses durch seine Engel von der Erde forttragen.

Betrübt führten die Engel Gottes Befehl aus und trugen das Paradies durch die Lüfte davon. Weil es aber sehr groß war, geschah es, daß sie unterwegs ein Stück verloren.

Schöne Berge, an deren Hängen die Trauben reiften, ein Fluß mit herrlichen Fischen, fielen auf die Erde herunter, gerade dahin, wo heute unser Ahrtal liegt.

So kommt es, daß jetzt die Menschen, die dort wohnen, ihre Heimat wegen ihrer Schönheit und ihres Weines so lieben und so heiter und so fröhlich sind.

Quelle: Mündliche Überlieferung Klar/Kleinemann, S. 64

Den Ahrweiler Kindern
gewidmet von Heinrich Ruland:

St.-Martins-Abend

Die Fackeln geben hellen Schein.
Wer kommt durch Tor und Bogen,
wer kommt in unsere Stadt herein
auf hohem Roß gezogen?
Klapp, klapp, stampft's auf das Pflaster auf,
und durch die Ahrstraß' kommt's herauf,
zur rechten Seit', zur linken Seit'.
Viel Kinder geben das Geleit,
so viele, ja, ein ganzer Hauf!
Im Marschtritt und im Trippelschritt,
an hundert Kinder ziehen mit,
viel Buben und viel Mädchen.

Sankt Martin war ein frommer Mann,
ihr alle wißt, was er getan:
Da war es kalt und Winterzeit,
die Fluren waren hoch verschneit,
und Feld und Weinberg waren weiß,
die Leywog nur ein Klumpen Eis.
Hui, fror es einem armen Greis,
der hatte wohl nicht Heim und Haus;
denn wo's zur Ahrbrück geht hinaus,
saß er auf einem Häufchen Schnee.

Denkt, Kinder, mitten in der Nacht,
in Frost und Eis der Winternacht!
Wo sonst ihr spielt in Gras und Klee,
saß frierend er im kaltem Schnee.
Oh!

Der Heilge sah's, und bitter weh
tat ihm das Herz. Da nahm er sacht
den Mantel von der Schulter ab.
Rasch schnitt hindurch sein scharfes Schwert
(er war Soldat und war bewehrt),
die Hälfte er, von Mitleid stumm,
dem armen, schwachen Manne gab –,
was übrigblieb, hing selbst er um,
ritt weg. Wie er zurück sich kehrt,
der Greis mit eins verschwunden war.
Nein, nichts mehr von ihm war zu sehn.
Da ward Sankt Martin offenbar,
daß hier ein Wunder war geschehn.
Auch hab' vor Zeiten ich gelesen,
der Greis – Gott selber sei gewesen.
Sankt Martin sprach ein fromm Gebet
und ritt des Wegs.

Ihr Kinder, seht,
wenn heute nun ins Tal der Ahr
der Gute kommt, da ist es klar,
daß, reitet er von Hut zu Hut,
die Kinder brav, die Kinder gut,
zur rechten Seit', zur linken Seit',
im Marschtritt und im Trippelschritt,
dem Heil'gen geben das Geleit.
Die Kinder all in langen Reihn,
mit Fackellicht und Fackelschein,
die Mädchen und die Buben.
Kein einz'ges Kind bleibt da zu Haus,
da leeren sich die Zimmer aus,
die Kammern und die Stuben.

Nun gebet acht, es kommt noch mehr:
Bedauert habt den Greis ihr sehr,
den armen, halberfror'nen Mann,
ich seh es den Gesichtern an.
Doch bitt' ich euch, denkt nur mal nach.
Noch viele gibt's, die alt und schwach
und ohne Kleid und Feuer sind.
Ich sag's, auch wohltun kann ein Kind,

wenn's nur mit einem bißchen ist,
ein Mantel braucht's nicht grad zu sein.
Der liebe Gott es nicht vergißt
und trägt ins Himmelsbuch es ein.
Also!

Die Fackeln werfen roten Schein.
Wer kommt durch Tor und Bogen,
wer kommt auf hohem Roß herein
in unsere Stadt gezogen?
Ihr Mädchen brav, ihr Buben gut,
macht euch bereit, ihr Kinder
der Oberhut, der Niederhut,
ihr andern auch nicht minder!
Recht artig mit dem Heil'gen zieht,
schwätzt nicht, macht kein Gegackel!
Nun singt zum Gruß ein frommes Lied
und leuchtet mit der Fackel!

Quelle: Ruland, S. 74

Deutungsversuche

Wer sich intensiv mit der Klassifizierung und Deutung von Sagen, Balladen und Legenden beschäftigen möchte, sei auf Henssen verwiesen (Henssen, Gottfried, Rheinisches Volkstum, Heft 2, Rheinische Volksüberlieferungen in Sagen, Märchen und Schwank, Düsseldorf, o.J.).

Die letzte Äbtissin von Marienthal

Das Kloster Marienthal ist das älteste Kloster im Ahrtal und erstmalig 1137 urkundlich belegt. Es wurde 1794 im Zuge der Französischen Revolution aufgelöst. Die letzten Nonnen mußten ausziehen und als Heimatlose irgendwo Unterschlupf suchen. Schnell rankte sich eine Sage um das verlassene Kloster und die vertriebenen Nonnen.

Die Spindel der Magd Lüfthildis

Lüfthildis ist die Schutzpatronin der Kirche von Staffel bei Kesseling. Ihr Grab befindet sich in der Pfarrkirche von Lüftelberg. Sie soll die Tochter des Burgherrn von Lüftelberg gewesen sein. Es gibt viele Sagen von der frommen Lüfthildis, so auch eine mit gleichen Motiven aus dem Kesselinger Tal und eine aus Lüftelberg.

Historisch gesehen war der Ahrgau altes fränkisches Königsgut. Der *fiscus* Sinzig erstreckte sich im 8. Jahrhundert südlich der Ahr bis nach Kesseling in einer Westausdehnung von 20 km. Diesem *fiscus* waren weite *Forsten* zugeordnet, die zunächst als Bannwald Jagdgebiet der Könige waren.

Quelle: Petri, Franz und Droege, Georg, Rheinische Geschichte, Band 1 (2), Düsseldorf 1980, S.50

Der Kobold von Walporzheim

Grundlage für diese Sage ist das Gedicht des Bonner Theologen und Kunsthistorikers Gottfried Kinkel, der im 19. Jahrhundert das Ahrtal bereiste und vielleicht auf persönliche Erfahrungen im Umgang mit dem Rotwein zurückgreifen konnte.

Die „Bunte Kuh" –
Der Ritter von der „Bunten Kuh"

Nach Heinrich Stötzel handelt es sich um Erklärungssagen, die erst entstanden sind, als der Fels schon lange seinen Namen hatte. „Wir hörten von dem geheimnisvollen Zauber, der diese Bergenge erfüllt. Was mag der Grund gewesen sein, daß der Ort zu solch einer magischen Stätte wurde? Wir wollen hier nur Hinweise geben, ohne die Frage vollständig zu beantworten. In früheren Zeiten hat man vielfach Deichbruchstellen durch Eingraben eines lebendigen Wesens zu festigen versucht. In einer Nobissage wird der Nobis mit dem roten Rock und einer bunten Kuh in den Deich an der Weser vergraben. Der Eingeschlossene ruft: De rode Rocke, de bunte Koh, De deckt mi armen Sünder to!
Die bunte Kuh ist ein beigegebenes Opfertier, das hin und wieder auch allein auftritt. Es liegt nahe, auch an der Stelle unseres Engpasses eine solche Kuh als Fundamentopfer anzunehmen in einem Bauwerk – sei es Brücke, Deich oder Wehr - durch das man der reißenden Ahr Herr werden wollte. Daß die Ahr manches Menschenopfer gefordert hat, auch an dieser Stelle, ist bekannt. Damit wäre das Magische, das eine solche Opferstätte umgibt, erklärt, und wir hätten auch eine Erklärung für den Namen des Ortes."
Quelle: Stötzel, S. 135

Wahrscheinlicher ist eine historische Erklärung. Zwischen der „Bunten Kuh" und Walporzheim hat seit der Römerzeit bis ins späte Mittelalter ein Hof gelegen, der den Namen Bontekoven getragen hat.
Quelle: Wirtz, Ludwig, Zur Geschichte von Walporzheim, in: Festschrift zum Kapellenfest in Walporzheim a.d. Ahr, 1924, S. 11

Der Kautenturm

Der Kautenturm oder Rote Turm ist das Zentrum des Weilers Gisenhoven gewesen. Dieser *turris Estatis* wird erstmals 1250 im Klosterrather Zinsregister erwähnt. *Estas* ist der Name eines um 1166 bezeugten Ministerialengeschlechtes der Grafen von Hochstaden. „Nach in dem Jahr 1768 angefertigten Grund- und Aufrißplänen ist der 1811 abgebrochene turris eine Wasserburg gewesen, von unregelmäßiger Form mit einem großen Rundturm in der Mitte und westlich davon gelegenen zweigeschossigen Wohngebäuden."
Quelle: Flink, Klaus, Der Stadtwerdungsprozeß von Ahrweiler und die „Kurkölnischen Stadtgründungen", in: Rheinische Vierteljahresblätter, Jahrgang 39, 1975.
Da diese Burg der Mittelpunkt des Weilers Gisenhoven war, ist sicherlich die Sage als Übertragungssage nach dem Verschwinden des Weilers auf die Stadt Ahrweiler anzusehen.

Der schwarze Trommler - Das Pestmäuschen

Im ganzen Mittelalter und in der frühen Neuzeit wüteten Pestepidemien in Europa. Sie hatten ihren Höhepunkt im Ahrtal während des Dreißigjährigen Krieges um 1638. Die beiden Sagen sind insofern aufschlußreich, als sie die beiden extremen Reaktionen auf die schreckliche Todesangst der Menschen damals wiedergeben. Im „Schwarzen Trommler" versuchen die Menschen in ihrer Lebensgier, sich noch vor ihrem Tode auszuleben. Die Tanzwut wird in vielen historischen Quellen beschrieben. Aber das Vergnügen endet im Grab. Anders die zweite Sage, die ein christliches Leben als Rettungsanker anbieten will.

Der „Weiße Stein"

Historischer Hintergrund ist der Grenzstreit zwischen Ahrweiler und Wadenheim (vgl. hierzu die Bemerkungen zu der Sage von den Schinnebröder un Lemhök). Der „Weiße Stein" war eine Grenzmarkierung zwischen dem Kurfürstentum Köln und dem Herzogtum Jülich bei der ehemaligen Brennerei Both.
Ferner ist auch in dieser Sage die Angst vor der Pest als Motiv erkennbar. Hauptmotiv der Sage ist eindeutig die pädagogische Absicht: Mädchen sollen erkennen, daß fremde Männer Unglück bringen. Bei dieser Sage handelt es sich um eine Übertragungssage der Gebrüder Grimm auf die hiesigen historischen und lokalen Gegebenheiten.

Der Neidhard von St. Laurentius

Die St. Laurentiuskirche in Ahrweiler wurde 1269 als Basilika begonnen und erst um 1300 durch einen anderen Baumeister als Hallenkirche ausgebaut. Damit ist die Erklärung des Wahrzeichens hinfällig.
Das Figürchen des Neidhard stand aber auch mit dem hier ursprünglich bestehenden Treppenaufgang in Verbindung. Kinkel schreibt dazu: „Die Gewölbegeschichte ist ganz sicher falsch; vielleicht aber gab den Anlaß zu dem ganzen Schwank die Kühnheit, mit der hier, in diesen Ge-

genden zum erstenmal, der Spitzbogen durchgeführt ist." (Kinkel, (2) S. 109)

Ein anderes Figürchen ist an einer Säule rechts beim Westportal angebracht. Es zeigt den frommen Kirchenbesuchern seine Kehrseite. Der Stadtführer Johannes Ulrich erzählt, daß dieses Figürchen vom Baumeister im Zorne als eine Aufforderung angebracht worden sei, weil die Ahrweiler sein Honorar nicht vollständig bezahlt hätten. Oft wurden solche Figuren zur Abwehr der Dämonen angebracht (s. auch Wasserspeier), wobei der Entblößung des Allerwertesten eine besonders abschreckende Wirkung auf böse Geister zugesprochen wurde.

Der Herr von Nantert

Nach Stötzel wird die Sage auf den Herrn von Blankart bezogen, dessen Grabmal sich in der Kirche von Ahrweiler befindet und der eine Burg bei Lantershofen und eine Stadtwohnung in Ahrweiler hatte. Doch scheint diese Sage erst durch das Grabmal hervorgerufen worden zu sein, wie Stötzel meint. Stötzel verweist auch auf den Nantertshof bei Kesseling. In der Tat gibt es ähnliche Sagen in Kesseling, Königsfeld und Lind. Wahrscheinlicher ist mir in diesem Zusammenhang der Untergang des Hofes Nentrode, der zwischen dem Häuschen und dem Steiner Berg lag. (Distrikt Auf Nenntert)

Das Muttergottesbildchen – Die gebildete Eiche

Beide Sagen sind Erklärungssagen für einen Eichenbaum, der ein Muttergottesbildnis trug. Diese Eiche stand über 400 Jahre im oberen Maibachtal und ist um 1960 zerfallen. Die Ahrweiler Nachrichten führen hierzu aus: „Hundert Schritte hinter der Schutzhütte Hungertal ist die

Stelle, an der der Baumriese gestanden hat: auf knorrigem, meterdicken Stamm die weitverzweigte gewaltige Krone. Unseren Vorfahren, die noch naturverbundener waren als wir es heute sind, galten die Wälder als heilige Stätten, in denen die mächtigen und alten Eichen sich einer besonderen Verehrung erfreuen konnten.

In den Jahrhunderten zogen Kriege und Unwetter über das Tal hin, doch der riesigen Eiche konnte das alles nichts anhaben; auch wenn sie von Blitzschlag oft getroffen wurde, sich spaltete und in ihrem Inneren einen Hohlraum bildete, ihre Lebenskraft blieb erhalten. Seit 1630 bewohnten Franziskanermönche den Calvarienberg, wo sie ihr Kloster errichteten. Bei ihren täglichen Ausgängen führte sie oft ihr Weg an dieser Eiche vorbei, und sie sollen es gewesen sein, so berichtet die Sage, die eine erste Madonna im hohlen Baumstamm aufstellten. Seitdem heißt diese Eiche im Volksmund „Der Muttergottesbaum".

Das Marienbild in der Höhlung des Baumes war stets mit Blumen und frischem Grün geschmückt, jedoch als an einem heißen Sommertag, kurz nach dem letzten Krieg, sich ein starker Hornissenschwarm im Hohlraum der Eiche festgesetzt hatte, wagte niemand mehr, dem Baum zu nahe zu treten. Man unternahm vieles, um diesen lästigen Insektenschwarm zu vertreiben, doch nichts half. So kam man auf die Idee, den Hornissenschwarm auszuräuchern. Der Hohlraum wurde mit Brennmaterial und Pulver gefüllt, das in Brand gesteckt wurde. Keiner hatte bedacht, daß das zugleich auch das Ende des stolzen Baumes sein könnte. Die tausendjährige Eiche im Ahrweiler Tal überstand die Prozedur nicht."

Quelle: Ahrweiler Nachrichten, S. 354, Nr. 12, 1986

Die Sage vom Muttergottesbildchen ist historisch begründet in der Hochzeit der zwölfjährigen Katharina, Gräfin von Neuenahr, mit Johann dem Jüngeren von Saffenberg.

Der Bösewicht damals, der weniger die Braut, als das Erbe an sich reißen wollte, war nicht der Herr von Landskrone sondern Johann von Rösberg, *de sich nent van Nuenair*. In der Sage von der gebildeten Eiche ist dieser historische Hintergrund verdrängt durch viel Mythologisches. Diese Sage belastet Johann von Rösbergs Tochter wegen der Untaten ihres Vaters mit einem Zauberfluch.

Ein Vergleich mit der Sage vom „Goldenen Pflug", die ja auch von der Burgruine Neuenahr handelt, drängt sich auf. Bei beiden bleibt der Besitz des Goldschatzes verwehrt.

Die Grenzkuh

Die Geschichte von der Grenzkuh wurde als Begründung für die Zugehörigkeit Bachems zum Ahrweiler Stadtgebiet im Jahr 1459 in einem Prozeß vorgetragen.

Quelle: Frick, Hans, Quellen zur Geschichte von Bad Neuenahr, Bad Neuenahr 1933, Nr. 977

Der Müller von Ahrweiler

Der historische Hintergrund ist wiederum der Grenzstreit zwischen Ahrweiler und Wadenheim (vgl. hierzu die Bemerkungen zu der Sage von den Schinnebröder un Lemhök).

Frick belegt diese Sage urkundlich: „Zur selben Zeit wurde der Landmüller Gotthard Krewelt dabei betroffen, wie er eine Klause an der Ahr errichten wollte und eine Karre Grund durch einen Knecht herbeifahren ließ. Da wurde ihm in Gegenwart des Ahrweiler Pastors Johann Tümmler und des Stadtrats vorgehalten, warum er unerlaubt auf Ahrweiler Boden die Klause zur Hemmesser Mühle errichte. Die Erlaubnis hat er dann persönlich nachgeholt.

Sie wurde erteilt, weil keine Bedenken bestanden."
Quelle: Frick, Hans, Nr.1220

Der „Kopp" – Der Kapellenbau – Der Pastor von Ersdorf – Die Teufelsaustreibung

Diese Legenden stammen aus der Chronik des Klosters Calvarienberg und sind von Schorn in der Eiflia Sacra wiedergegeben. Die Franziskanermönche sammelten schon früh Berichte über Wunderheilungen, Rettungswunder oder Teufelsaustreibungen. Diese Legenden begründeten schon früh die Tradition des Calvarienberges als Wallfahrtsort. Diese Tradition wird auch heute noch gepflegt, und die Beteiligung an den Wallfahrten scheint in den letzten Jahren noch zuzunehmen.
Quelle: Schorn, S. 321 f.

Die Wunderbrücke

Zwei gegenüberliegende Burgruinen haben die Phantasie der Menschen schon immer beflügelt (z.B. Die Feindlichen Brüder, Katz und Maus). Der Brückenbau kann nur als Sinnbild für die Liebe zwischen Angehörigen derer von Landskron und Neuenahr sein. Tatsächlich war Gerhard II. von Landskron mit einer Gräfin von Neuenahr vermählt. Daran hat die Sage angeknüpft.
Alexander Kaufmann gibt eine andere Erklärung: „Von der Schleusenburg in Thüringen soll einst eine Luftbrücke nach Oberkrannichenfeld gebaut und begangen worden sein. Bechstein, Deutsches Museum II, 185. 186. Lagen der Vorstellung von Luftbrücken vielleicht Naturerscheinungen, wie die Fata Morgana zu Grunde? Wir erinnern uns an jene Mirage zu Akkon, von der wir bei Thomas

Cantipratanus, Bonum univ. de apibus II, c. 37, nach einem Berichte eines Augenzeugen, des Dominicaners Heinrich von Köln lesen: Eine große Brücke, auf welcher man Reiter und Fußgänger sich bewegen sah, bildete einen Hauptbestandteil jener Spiegelung... Jene Erscheinung bei Akko galt übrigens den Fremden, welche sie beobachteten, als Blendwerk des Teufels... Zwischen Landskrone und Neuenahr wird man freilich keine Miragen gesehen haben, doch könnten die Erzählungen von solchen Luftbrücken, wie die von Akkon u.a. auf Bildung der Sage eingewirkt haben."

Quelle: Kaufmann, Alexander, Nachträge zu den Quellenangaben und Bemerkungen zu Karl Simrock's Rheinsagen, S. 16 f., in: Annalen des Historischen Vereins für den Niederrhein, 41. Heft, 1884

Schinnebröder un Lemhök

Die Sage fußt auf der Fehde zwischen Ahrweiler und Wadenheim (Neuenahr) im 16. Jahrhundert. Ahrweiler (Kurköln) und Wadenheim (Sitz des jül'schen Amtes Neuenahr) stritten sich wegen der Grenze bei Bachem. Diese Fehde ist nicht besonders blutig verlaufen, sondern wurde vor allem vor den Gerichten ausgetragen. Diese sogenannte „Bachemer Fehde" beschäftigte die Gerichte von 1503 bis 1793.

Stets neuer Anlaß zum Streiten war die Bachemer Kirmes, wenn jemand auf dem umstrittenen Gebiet Wein verzapfen wollte und Ahrweiler dann immer den Weinzoll forderte. Im Jahre 1571 versprach der Kurfürst Salentin dem Vogt von Ahrweiler, ihm zum Kirmestag den Schützenmeister und einige Schützen zu Hilfe zu schicken, um weitere Streitigkeiten zu vermeiden. Auf der Wadenheimer Seite standen die Jül'schen Schützen zu demselben Zwecke (vgl. hierzu W. Dittmann, Der fast dreihundertfünfzig Jahre alte Streit zwischen Ahrweiler und Wadenheim, in: Ahrweiler Nachrichten, Nr. 15, 1988).

Stötzel gibt eine andere Version der Sage. Sie sei der Vollständigkeit halber zitiert: „Waren auch die Grafen von Neuenahr eins der mächtigsten Geschlechter der Eifel, so war ihrer Burg doch ein wenig ruhmvolles Ende beschieden. Schon 1276 verpfändete Mechthilde, die Witwe des Grafen Theoderich von Neuenahr, die ganze Grafschaft an den Erzbischof von Köln für 350 Mark auf vier Jahre. Die Burg selbst übergab sie an Kunz und Kolvo von Ahrweiler. Einen Teil der Waldungen schenkte sie den Ahrweilern und Jülichern; diese konnten sich aber nicht über die Teilung einigen. Sie kamen zuletzt darin überein, ein großes Feuer anzuzünden und diejenige Partei, die am längsten an demselben aushalten würde, als Sieger anzuerkennen. Die Jülicher banden sich Kirschbaumrinde vor die Schienen, die Ahrweiler aber Eisenblech. Lustig zechend, saßen sie am wohlgenährten Feuer. Die Jülicher brieten sich Fische und hatten bald auch die Freude, ihre Gegner weichen zu sehen. Aus dieser Begebenheit rühren die späteren Spitznamen: Jülicher Bückingsbroder und Ahrweiler Schinnebroder her." (Stötzel, S. 41)

Historischer Hintergrund für die Version Stötzels ist eine Urkunde aus dem Jahre 1276 über die Verpfändung der Grafschaft Neuenahr und die Übergabe der Burg an die Ahrweiler Ritter Cunzo und Colvo von Arwilre.

Quelle: Goerz, Adam, Mittelrheinische Regesten, Bd. 4, Nachdruck der Ausgabe von 1886, Köln 1974, S. 72

Stötzel oder seine Gewährsleute haben diese Begebenheit rückdatiert, denn erst 1545 wurde die Grafschaft Neuenahr von Jülich als erledigtes Lehen eingezogen.

Köbes Steinborn schreibt unter der Überschrift „Welche Version ist die richtige?" in einem Leserbrief an die Rheinzeitung vom 12.2.1987 u.a.: „Es gibt jedoch einige Dinge, die für die Ahrweiler Version sprechen. Da wäre zunächst das Wort *Schinnebröde* an sich, das den Neuenahrern zugesprochen wird. Begrifflich kann man davon ausgehen, daß, wenn einer mit diesem Begriff identifiziert wird, er auch derjenige ist, dem die Schienen gebraten wurden. Andererseits saßen ja zwei Parteien am Feuer, so daß beiden die Schienen gebraten wurden und damit der Name auf beide Beteiligte angewendet werden könnte.

Aber da ist ja noch ein weiteres Argument: Der Spottname der Bachemer, die ja Gegenpartei waren, gleich *Klenn hoch*. Dies soll soviel heißen wie schmier (gleich klenn) möglichst hoch und dick (gleich hoch) Lehm auf die Ruten. (Hier auch im Dialekt: klenn die Botte net esu deck). Womit bewiesen wäre, daß die Bachemer (gleich Ahrweiler) die Rutenträger gewesen wären, wenn, ja, ja wenn alles bewiesen wäre.“

Schwert und Pflug

Ähnliche Motive treten im ganzen deutschen Sprachraum auf (vgl. Bürger, Gottfried August, Die Schatzgräber, in: Deutsche Gedichte und Balladen, München 1963, S. 357; Meyer, Conrad Ferdinand, Die Söhne Haruns, a.o.O., S. 447, oder Chamisso, Adelbert von, Das Riesenspielzeug, a.o.O., S. 388).

Der goldene Pflug

Vergrabene Schätze unter Burg- oder Klosterruinen haben schon immer die Phantasie der Menschen beflügelt. Als 1372 die Burg Neuenahr von den Geschworenen des Landfriedens (Erzbischof Friedrich von Köln, die Städte Köln und Ahrweiler) zerstört wurde und nicht mehr aufge-

baut werden durfte, machten sich die Menschen des Ahrtals Gedanken, wo Johann von Rösberg-Neuenahr, der letzte Besitzer der Burg, seine sich zu Unrecht errafften Schätze hingeschafft hatte.
(Vgl. hierzu, Klein, Hans-Georg, Alt-Ahrweiler unter dem Trierer Krummstab, in: Stadtzeitung Bad Neuenahr-Ahrweiler, Nr. 5-7, 1990)

Die Landskron

Diese Sage ist eine Erklärungssage.
Schannat schreibt hierzu: „Gewiß ist es, daß die Burg von Kaiser Philipp, nachdem er Sinzig erobert hatte, zwischen 1204 und 1206 erbaut wurde. Die Bewachung dieser Reichsburg vertraute er dem Ritter Gerhard von Sinzig, dessen Nachkommen sich Burggrafen von Landscron nannten." Alexander Kaufmann zitiert in diesem Zusammenhang: „Aarus Aruilla rapitur: descendit ad arua Sensichij: Solem spectat abire mari. Fontem monte capit, monte profunditur imo: Arx etiam regni monte Corona sedet."
Quelle: Kaufmann, a.o.O., S. 17; Schannat, S. 461

Die 3 Jungfrauen von der Landskron (I und II)

Diese Sage erscheint in der Literatur in verschiedenen Varianten. Variante I sieht den Ritter von der Tomburg als den Bösewicht an. In der II.Variante ist der Ritter von der Tomburg der Retter der Jungfrauen. Wahrscheinlich ist die letzte Variante die ursprüngliche, weil zwischen den beiden Geschlechtern von der Landskrone und von Tomberg verwandtschaftliche Beziehungen bestanden.
Später gab es allerdings einen bösen Buben auf der Tomburg, der seinen Lebensunterhalt als Raubritter bestritt. Das Motiv mit den drei Jungfrauen ist uralt und kommt in

vielen Sagen vor. Schannat schreibt allerdings: „Die Sage beruht aber durchaus auf keinem geschichtlichen Grund. Noch jetzt wird zur Kapelle gewallfahrtet, um dadurch die Heilung kranker Kinder zu erwirken. Auch wird darin eine Wochenmesse gelesen."
Quelle: Schannat, S. 466

Der Fluch der Landskron

Stötzel berichtet nach den Mitteilungen des Archivrats Langen: „Im Jahre 1448 fiel die Herrschaft Landskrone an den Ritter Luther von Quadt. Die Familie von Quadt teilte sich später mit noch zwei anderen den Besitz, den sie 200 Jahre behielt. Die Erbtochter des letzten Freiherrn Friedrich von Quadt zu Landskrone, Maria Juliane, brachte die Erbschaft nach ihres Vaters Tode 1621 ihrem Gemahl Philipp Freiherr von Clodt (nicht Brempt, wie die Sage erzählt). Die Söhne Julianens, Dietrich und Gisbert von Clodt, kamen 1666 in den völligen Besitz des mütterlichen Erbes. Der letzte Erbe, Benedikt von Clodt starb 1798. Auch hier stimmen also Sage und Geschichte nicht überein."
Quelle: Stötzel, S. 133

Die Burgkapelle von Landskron

Die Burgkapelle wird bereits im Jahre 1212 erwähnt (Frick/Zimmer, Nr. 5), 1366 wird sie in einer Urkunde „die Cluse" (ebenda, Nr. 497) genannt und 1470 ist die Rede von ihr als der „fünff Junfern Capell" (ebenda, Nr.1226). Das Motiv scheint sich aus dem Sprichwort abzuleiten: „Es ist immer schwierig, gegen den lieben Gott zu schaffen."
Quelle: Frick, Hans/Zimmer, Theresia, Quellen zur Geschichte der Herrschaft Landskron an der Ahr, Bonn 1966

Das Paradies

Diese Sage ist eine Übertragungssage, die in vielen anderen Landstrichen in ähnlicher Form existiert.

St.-Martins-Abend

Heinrich Ruland widmete dieses Gedicht 1922 der Jugend von Ahrweiler. Wenige Tage später sandten die Ovvehöde, Ahrhöde, Nidderhöde und Addemichshöde Jonge dann dem Dichter einen Brief, in dem es heißt: „Sehr geehrter Herr Ruland! Die Ahrweiler Kinder sagen Ihnen herzlichen Dank für das schöne Gedicht und versprechen, daß sie im nächsten Jahre wieder ohn' Gegackel dann leuchten werden mit der Fackel."
Darauf dankte Heinrich Ruland in der *Ahrweiler Zeitung* mit den Worten: „Der Dank tat mir wohl, und er erinnert mich etwas an das biblische Lob aus dem Munde der Unmündigen und Kinder. Für die Ahrweiler Jugend und gleichsam als Erklärung meiner Verse füge ich das kleine Gedichtchen bei:
Warum der Dank, ihr lieben munteren Jungen!
Hat euch so sehr gefallen mein Gedicht?
Aus tiefstem Herzen ist's erklungen,
Mein Herz ist jung - was auch dagegen spricht.
Ja, als ich sah euch mit St. Martin kommen,
Als eurer Augen Glänzen ich geseh'n,
Hätt' gern auch ich ein Fackellicht genommen,
Um neben euch im Zuge mitzugeh'n.
Heinrich Ruland"
Quelle: Ahrweiler Stadtnachrichten, Nr. 45, 1951

Quellennachweis

ANTZ, August, Rheinlandsagen, Wittlich 1950

GRIMM, Jacob, und
GRIMM, Wilhelm, Deutsche Sagen, Hamburg 1902

KINKEL, Gottfried, (1) in: Heimatkalender für den Kreis Ahrweiler (HKA) 1927

KINKEL, Gottfried, (2) Die Ahr. Landschaft, Geschichte und Volksleben, veränderter Nachdruck der Ausgabe von 1858, Köln 1976

KLAR, Gustav, und
KLEINEMANN, Otto, Rheinland - Heimatland, Heft 1, Langensalza 1870

KNIPPLER, Wilhelm, 1000 Jahre Heppingen, Ahrweiler, o.J.

KNOLL, Gerhard, Die „Schinnebröder" - eine alte Geschichte in historischer Sicht, in: Beuler Lupe Nr. 3

KRAHFORST, Heribert, in: Heimatjahrbuch für den Kreis Ahrweiler (HJB) 1990

KÜCHLER, Paul, Was der Calvarienberger Chronist erzählt, in: HKA 1926

KÜRTEN, Franz Peter, in: HJB 1957

MÜLLER, Wolfgang, in: HKA 1926

OTTENDORFF-SIMROCK, Walter, in: HJB 1954

PLACHNER, Ernst Karl, Der schwarze Trommler von 1632, in: HJB 1965

RAUSCH, Jakob, Die „gebildete Eiche", in: Ahrweiler Stadtnachrichten, Nr. 24, 1952

RULAND, Heinrich, in: HKA 1926

SCHANNAT, Johann Friedrich, Eiflia Illustrata, Neudruck der Ausgabe 1852, Bd.3, Abt.1, Abschnitt 1, Osnabrück 1966

SCHLUNDT, Rainer, Sagen aus Rheinland-Pfalz, Köln 1983

SCHORN, Carl, Eiflia Sacra, Bd.1, Bonn 1888

SIMROCK, Karl, (1) in: HKA 1926

SIMROCK, Karl, (2) Rheinsagen, Bonn, o. J.

STÖTZEL, Heinrich, Die Sagen des Ahrtals, Bonn 1938

STRAMBERG, Christian von, (1) Denkwürdiger und nützlicher Rheinischer Antiquarius, Bd. 9, Koblenz 1864

STRAMBERG, Christian von, (2) Denkwürdiger und nützlicher Rheinischer Antiquarius, Bd. 10, Koblenz 1864

WEITERSHAGEN, Paul, Eifel und Mosel erzählen, Köln 1968

ZAUNERT, Paul, Rheinland Sagen, veränderter Nachdruck der Ausgabe von 1924, Düsseldorf 1969